教育部高校示范马克思主义学院和优秀教学科研团队建设项目（重点选题）：医药类高校思想政治理论课有效性提升机制研究，项目号：19JDSZK004
安徽省质量工程项目：安徽中医药大学课程思政建设先行高校，项目号：2020KCSZXXGX25
安徽省质量工程项目：安徽中医药大学课程思政建设示范中心，项目号：2020SZZX21

爱国
青春的底色
——大学生讲思政

王先俊　董玉节◎编

安徽师范大学出版社
ANHUI NORMAL UNIVERSITY PRESS
· 芜湖 ·

图书在版编目（CIP）数据

爱国 青春的底色：大学生讲思政 / 王先俊，董玉节编．— 芜湖：安徽师范大学出版社，2022.1

ISBN 978-7-5676-4558-5

Ⅰ．①爱… Ⅱ．①王… ②董… Ⅲ．①大学生－爱国主义教育－研究－中国 Ⅳ．①G641.4

中国版本图书馆CIP数据核字（2022）第187554号

爱国 青春的底色——大学生讲思政 王先俊 董玉节◎编
AIGUO QINGCHUN DE DISE DAXUESHENG JIANG SIZHENG

责任编辑：晋雅雯
责任校对：马飞飞
装帧设计：丁奕奕
责任印制：桑国磊
出版发行：安徽师范大学出版社
芜湖市北京东路1号安徽师范大学赭山校区 邮政编码：241000
网 址：http://www.ahnupress.com/
发 行 部：0553-3883578 5910327 5910310（传真）
印 刷：苏州市古得堡数码印刷有限公司
版 次：2022年1月第1版
印 次：2022年1月第1次印刷
规 格：700 mm × 1000 mm 1/16
印 张：18.75
字 数：220千字
书 号：ISBN 978-7-5676-4558-5
定 价：75.00元

目 录

传承弘扬篇

时代华章篇

励志笃行篇

同心抗疫篇

传承弘扬篇

爱国，我们最深沉的爱

方　芳

中华人民共和国公民是我们与生俱来的身份，对我们来说，祖国利益高于一切。习近平总书记曾说，在中华民族几千年绵延发展的历史长河中，爱国主义始终是激昂的主旋律，始终是激励我国各族人民自强不息的强大力量”，“爱国是人世间最深层、最持久的情感。

中国成其为中国，正在于有千千万万的中国人生于斯、长于斯，情感系于斯、认同归于斯。事实上，对于绝大多数的中华儿女而言，“爱国”本不是一个需要过多讨论的话题，它是融进中华民族血液骨髓中的一种本能。爱国是丰子恺“宁做流浪汉，不做亡国奴”的铮铮誓言；爱国是孙中山为救风雨飘摇中的中华民族永不言弃；爱国是毛泽东在八角楼里点燃星星之火以燎原；爱国是邓小平用改革开放的春风吹暖大地。中华文明生生不息，中国精神薪火相传，正是这份厚重的爱国情怀，带领我们祖祖辈辈在历史的浪潮中，坚守信念，乘风破浪。我爱我的祖国，我为我的祖国骄傲！

爱国主义是民族精神的核心，爱国精神助力实现中华民族伟大复兴的中国梦。因此，我们需要弘扬爱国精神。

弘扬爱国精神，要扎牢赤诚爱国之根。不论树的影子有多长，根永远扎在土里；不论我们身在何处，都要始终把祖国和人民放在心里。著名地球物理学家黄大年，在祖国最需要之时，放弃国外优越条件，只身回到祖国，用敢于担当的实际行动，诠释了对党的忠诚，用报国之心铺满生命的底色。正是在赤诚爱国精神的指引下，他把对祖国最深沉的爱融入生命的奋斗历程，以爱国之情、报国之志为实现中国梦贡献自己的智慧和力量。

弘扬爱国精神，要壮大自强不息之干。北宋大儒张载云："为天地立心，为生民立命，为往圣继绝学，为万世开太平。"广大知识分子有着天下为公、担当道义的情怀。在新冠肺炎疫情暴发后，耄耋之年的钟南山院士，星夜兼程、不知疲惫、不惧生死赶赴武汉，奋战在一线与病毒斗争，用丰富的经验、过硬的技术，向世人证明了我们有信心、有能力做到有效防控、高效救治，彰显了中华民族不畏挑战、自强不息的精神气概。

爱国就要奉献祖国、奉献人民。杨善洲退休后放弃进城安享晚年的机会，却扎根大亮山，义务造林，坚守22年后将林场无偿捐献给国家，被誉为"活着的孔繁森"；李保国三十多年如一日行走太行，把一生奉献给太行人民，用科技染绿荒山，把富裕带给乡亲，被喻为"太行山上的新愚公"；等等。他们用一生的真情投入，一辈子的顽强奋斗，描绘出一幅幅美丽的画卷，书写着无私奉献的爱国精神。

人民有信仰，国家有力量，民族有希望。每一个人展现出来的爱国精神汇聚到一起就是中国力量，就是民族精神。树欲参天茁壮，必先根植于沃土，才能屹立不倒，万古长青。在这个千帆竞发、百舸争流的时代，我们需用赤诚爱国、自强不息、无私奉献的爱国精神，让伟大的中国梦之树根深干强、枝繁叶茂。

爱国是中华儿女亘古不变的情怀和美德，也是义不容辞的责任和担当。新时代，我们爱国当以最美的方式，继承和发扬革命先烈的牺牲精神、大国脊梁隐姓埋名的奉献精神、时代弄潮儿勇于创业开拓进取的拼搏精神、平民英雄的无畏精神，做一个爱岗奉献、文明有礼的爱国者，努力把祖国建设得更美好更强大，把文明的大国形象传得更远。让我们汇聚磅礴之力，在共筑民族复兴的伟大梦想中抒发爱国之情。

（指导教师：吴　倩）

传承中医药文化 弘扬爱国主义精神

徐学河

中医药学凝聚着深邃的哲学智慧和中华民族几千年的健康养生理念及实践经验，是中国古代科学的瑰宝，也是打开中华文明宝库的钥匙。作为中国传统文化的优秀组成部分，中医药文化是中华民族五千年历史长河的智慧结晶，同时也是弘扬爱国主义精神的重要载体。

中医药文化是中国古代传统文化的重要组成部分，其所蕴含的中医哲学是中国古代传统哲学不可或缺的一部分。从某种意义上来说，中国古代哲学的发展，促进了中医理论的研究与发展，产生了中医的哲学基础。而中医学的不断进步，也拓展了中国古代哲学的研究方向与思维深度。中医学理论中的整体观念、辨证论治、“天人合一”理论也是中国传统文化的智慧结晶。中医药文化融合了儒释道三家的智慧，汲取了历代文化精华，学习和传承中医药文化不仅可以弘扬中国传统文化，提高国家文化软实力，还可以发展中医，让中医成为维护祖国人民乃至世界人民身心健康的重要法宝。

2020年伊始，一场新冠肺炎疫情突袭华夏大地，各地感染新冠肺炎患者的身体状况始终牵动着祖国人民的心。作为中国的传统医学，中医药在此次抗击疫情的实践中，为维护感染人群的生命健康提供了强有力的保障。首先，在预防过程中，中医药可以从内到外增强自身防护。其次，在治疗过程中，中医药减少了轻症转重症的概率。最后，在康复过程中，中医药有利于加强患者的调养，帮助其恢复。在此次疫情防控中，中医药深度介入诊疗全过程，发挥了不可磨灭的作用，同时也体现出中医药重要的文化价值。

中医师们牢记“大医精诚，以人为本”的思想，始终把人民群众的生命安全和身体健康放在首位，利用中医药的独特优势，通过辨证论治，配制出有效的中药方剂，对不同的新冠肺炎患者进行针对性治疗，为中医药充分深度参与疫情防控立下汗马功劳。他们用实际行动弘扬了传统中医美德，践行仁心仁术的医德精神。在治疗患者时，中医师们将“望、闻、问、切”四诊有机地结合起来，把患者自身的身体情况与其周围的环境联系起来，体现了中医药文化中的整体观念；对于病情轻重不同的患者，采取不同的诊疗办法，体现出中医在施治患者时“急则治其标、缓则治其本”的理念。在这一次疫情中，中医药的瞩目作用和确切疗效为中医药事业进一步发展夯实了坚实的基础。当下，实现中医药振兴发展已成为业界共识。

党的十九大报告中指出，文化自信是一个国家、一个民族发展中更基本、更深沉、更持久的力量。文化兴则国运兴，文化强则民族强。没有高度的文化自信，没有文化的繁荣兴盛，就没有中华民族伟大复兴。我们新时代的青年中医学生，应该认识到中医的科学性，学习和传承中医药文化，弘扬以爱国主义为核心的民族精神；更应该坚定中医药文化自信，用自己的实际行动将中医药发扬光大。坚定中医药文化自信，引领中医药文化发展方向，这是新时代中医药人的光荣使命。

吾辈中医学子应该谨记先辈教诲，潜习中医经典，传承中医文化，继承中华民族“以天下为己任”的爱国主义优良传统，将振兴中医、振兴中华的责任置于肩上。

（指导教师：周　政）

秉承先辈遗志 扬起爱国旗帜

范琛琛　李有雯

爱国，对于我们每一个人来说，是一个再熟悉不过的字眼，是我们对祖国深厚感情的集中表现，也是规范我们举止的行为准则。爱国主义是驱动中华民族不懈奋斗的精神主基调，为中华民族实现凤凰涅槃，浴火重生提供了重要精神动力。新时代，我们更需要高举爱国主义旗帜。

谈爱国，就要牢记先辈遗志。他们不畏艰险和磨难，在历史的长河中为祖国的振兴繁荣奉献着自己的力量，即使付出自己的生命也在所不惜。爱国对于他们从不是说说而已，他们用自己的行动、自己的鲜血去爱国。我们为有这样英勇无畏的先辈们而感到骄傲。正是因为他们的存在，才推动了中华民族的发展，才有了祖国今天的繁荣富强。作为新时代的青年人，我们应不忘初心、牢记使命，承袭和弘扬先辈们的高尚品质，扬起爱国主义旗帜。

热爱祖国，不一定要手举炸药包去炸暗堡，也不一定要用自己的胸膛去堵敌人的机枪眼，但需要我们认认真真做好身边的每一件小事。爱国可以体现在我们生活中的各个方面：坐公交车时给需要的人让座、公众场合不大声喧哗、不随地乱扔垃圾、自觉遵守公共秩序等，这些事情看起来都是我们身边微不足道的小事，甚至有人觉得这些和爱国没有什么关系，但倘若每个人都能把生活中的这一件件小事给做好，整个社会面貌便会焕然一新，继而整个国家面貌都会发生改变，这就是爱国。

作为一名新时代的青年，我们应时刻坚定爱国主义信念，扬起爱国主义旗帜。正如鲁迅先生曾经说过："我们自古以来，就有埋头苦干的人，有拼命硬干的人，有为民请命的人，有舍身求法的人……这就是中国的脊梁。"虽然我们每个人的能力大小不同，爱国的方式也不同，但我们都应该胸怀爱国之心，努力成为中国的脊梁！爱国主义正是我们中华民族世世代代自强不息的动力，不懈奋斗的力量源泉。

心有大我，志诚报国。爱国对于我们来说不仅仅是一种高尚的情怀，更体现了我们当代青年对先辈们精神的继承和弘扬。先辈们胸怀赤子之心，坚守爱国之志。作为当代青年的我们应该用自己的实践为祖国发展作贡献，坚守正道、追求真理、积极奉献，致力将自己的人生融入实现中华民族伟大复兴中国梦的历史长河之中。

让我们一起继承先辈们的爱国情怀，怀着对祖国的热爱，不忘初心，牢记使命，砥砺前行吧！

（指导教师：李新军、于　璐）

传承中医文化 弘扬爱国情怀

李浣敏

中医药文化，源远流长，宝藏丰富，象征着几千年来，我国人民和疾病斗争的智慧。

《史记·补三皇本纪》说："神农氏以赭鞭（一种红色的竹根）鞭（此意为采掘）草木，始尝百草，始有医药。"可见早在原始社会，我们的先祖们，就已开始从事医药活动。随着生产的不断发展和生产工具的逐步改进，原始人类逐渐认识了可以治病的药物，摸索出一些原始的治病方法，并学会制作骨针之类可供医疗的原始工具，这是我国医药史发展的起源阶段。

民国以后，随着西洋医学不断地输入，自清代形成的中西医汇通思潮有了进一步的发展。其时出现的衷中参西学派，为中西医互相取长补短，做出了有益的探索，并使中西医汇通的思想和学术内容逐渐渗透到中医各科临床、教学和书刊中，成为现代中西医结合研究的先行者。

中华人民共和国成立以后，党和政府对中医药事业高度重视，制定了以团结中西医和继承中医药学为核心的中医政策，一系列大力发展中医药事业的措施也相继出台。近年来，随着中国国际影响力的不断提升，中医药事业的发展得到了全球各界人士的广泛关注。除我国周边一些国家使用与研究中药来防治疾病外，西方的一些国家也逐渐开始采用中药来提高国民的免疫力和抵抗力，还有很多国家与我国达成友好的中医药文化交流合作，派遣大量的优秀学子来中国潜心学习中医药文化。中医药文化也渐渐成了一张国家“名片”。

近年来，中医药特色优势进一步彰显，服务能力不断提升，发展成果也惠及世界人民。我国的“中医针灸”被列入“人类非物质文化遗产代表作名录”；《本草纲目》和《黄帝内经》入选《世界记忆名录》；屠呦呦团队研制的抗疟药物“青蒿素”已经挽救了全球数百万人的生命……这些都表明，中医药文化的国际影响力在扩大，中医药国际化进程步伐在加快，中医药成为中国与世界各国开展人文交流、促进东西方文明交流互鉴的重要载体。

党的十九大报告中指出，人民健康是民族昌盛和国家富强的重要标志。我国要坚持中西医并重，传承和发展中医药事业。作为当代青年学子尤其是中医药大学的学生，应该如何去弘扬和传承中医药文化呢？

我们应该从自身做起，从小处着手，积极顺应时代发展的需要，努力响应国家政策的号召，有意识地去挖掘和培养自身对中医药文化的热爱，多听、多看、多问、多留心有关中医药文化的知识。我们可以走进当地的中医医院、中药材展览馆，亲身体验中医药文化的神奇魅力；我们还可以走进田间野外采药、认药，不断在实践中提升自身中医药水平。

中医药学是人类社会不断发展的产物，是社会科学与自然科学的结晶，它承载了中华民族几千年的历史与文明，是我国传统文化的瑰宝。中医药是历史的、现实的，也是未来的，更是我们青年一代的。中医药的传承发展就像接力赛跑，现在接力棒传到我们手里了，我们要坚定理想信念，不忘初心，牢记使命，志存高远，脚踏实地，奋力前行，为振兴发展中医药事业和中医药文化走向世界作出贡献！

（指导教师：王　屹、李国转）

传承中医药文化 弘扬爱国主义精神

闫雨心　秦　景　朱伊凡

毛泽东主席曾经指出："中国医药学是一个伟大的宝库。"中华五千多年的璀璨历史孕育出了博大精深的中医药文化，中医药学是中华文明的结晶，是我国文化遗产中的瑰宝，推动着一代又一代的青年人继承中华优秀传统文化、弘扬爱国主义精神。但随着科学技术和时代的发展，社会上却出现了一些质疑的声音，他们不但否认中医，而且扬言要废除中医，理由是"中医不科学"，"中医能治病但说不清道理"，"没有准确数据"等。中医的去留之争，渐渐变成了一场没有硝烟的战争。在时代的浪潮中，作为一名中医院校的学生，在面对这些质疑时又该如何思考和应对呢?

中医文化历史悠久

中医药文化源远流长、博大精深，是几千年来中国人民和疾病斗争的智慧结晶。从古至今，在波涛起伏的历史长河中涌现了扁鹊、华佗、张仲景、李时珍等一个又一个医学大家，他们通过实践不断丰富了中医药文化的内涵。中医药文化不是一个人的智慧，而是整个中华民族几千年劳动与经验的结晶。

中医学最重要的理论，一是整体观，二是辨证论治。中医学非常重视人体本身的统一性、完整性及其与自然界的相互关系，认为人体是一个有机的整体，构成人体的各个组成部分在结构上不可分割，在功能上相互协调、互为补充，在病理上相互影响。辨证论治，是中医学对疾病的一种特殊的研究和处理方法，就是运用望、闻、问、切四诊全面收集临床表现的信息，通过理性地分析、判断、综合，最后加以归纳以得出病理机制的结论，从而确立治疗方针和处方用药。所以，中医学的治疗并非说不清道理，它有一套独立而独特的理论体系为根基，同时具有与时俱进的理论品质，在时代发展中不断推陈出新。

中医药文化与爱国主义一脉相通

爱国主义是人民忠于祖国、热爱祖国、服务祖国的社会思想。中医药文化是中华优秀传统文化，具有浓厚的传统文化气息，并且带有鲜明的中国特色。它体现了中医药的本质和特色，是中华优秀传统文化的瑰宝，是中华民族不可熄灭的生命之火。

中医药文化作为中华优秀传统文化的重要组成部分，不仅为中华文明的发展作出了重要贡献，而且对世界文明的进步产生了积极的影响。在爱国主义教育体系中，中医药文化的传承属于“中华民族优秀传统文化教育”的范畴。中医药文化的宣传教育是当代爱国主义教育的具体体现，学习中医药、发展中医药、促进中华优秀传统文化的传承与发展，有助于增强人们对优秀中医药文化的认同感，树立民族自尊心与自信心，培养人们厚植爱国情怀，不断增强中华文化软实力。

爱国主义在中医药文化里的情怀永存

中医药文化深深植根于中华民族五千多年深厚的文化传统之中，如何继承发扬中医药文化，是一个值得深思的课题。

发展中医药文化，必须立足当下，积极弘扬爱国主义精神，将爱国主义内化于继承发扬中医药文化的过程当中。当我们回溯中医药文化发展的辉煌历程，就会发现无数的医家秉着一份爱国热忱，刻苦钻研医术，悬壶济世，为无数患者带来福音和希望。屠呦呦——中国首位诺贝尔生理学或医学奖得主，用创新性的研究为世界带来了迄今最重要的抗疟疾药——青蒿素。受益于此药，数百万疟疾患者重获健康。2019年9月17日，在新中国成立70周年之际，她被授予“共和国勋章”。

中华文化历久弥新，屹立世界，一口中国话，一笔方块字，都是民族灵魂的共鸣。中医药文化历史悠久，独具特色，一碗药汤，一根银针，常常能起到立竿见影的效果。作为新时代大学生，作为一位中医院校的学生，我们要时刻牢记自己是中华文化的传承人，要永葆一颗求知的心，在这纷繁复杂的时代，信守那份高尚而美丽的医学誓言，心怀祖国，心系人民，为中医药的发展添砖加瓦，在复兴中医的路上顽强探索、勇往前行！

（指导教师：董玉节、聂多伟）

缅怀历史 弘扬爱国主义精神

钱 隆

习近平总书记曾说："历史是最好的教科书，也是最好的清醒剂。"缅怀历史，不是为了沉浸于过去历史的辉煌之中，而是为了更好地记住历史、吸取前人的经验、继承和发扬前辈的优良传统，是为了能保持艰苦奋斗的优良作风和奋发进取的优良精神，是为了能够更好地承担当代的责任，为实现中华民族伟大复兴而不懈奋斗。

历史如灯塔，指引人们前行。1921—2021年，中国共产党带领中国人民写下了怎样的百年传奇？在黑暗中诞生，在苦难中成长，在挫折中奋起，在奋斗中壮大，从一个只有50多名党员的组织，发展成为世界上最大的马克思主义执政党，让山河破碎的中国走向强盛，让备受屈辱的民族走近世界舞台中央。一百年来，多少革命先烈以铮铮铁骨守初心、以血肉之躯担使命，为争取民族独立和人民解放前赴后继、抛洒热血；多少先锋模范以赤子情怀守初心、以忘我精神担使命，为实现国家富强和人民幸福呕心沥血、无私奉献。正是由于始终坚守初心和使命，我们党才能赢得人民衷心拥护和坚定支持，才能在极端困境中发展壮大，在濒临绝境中突出重围，在困顿逆境中毅然奋起。

可以说，中国共产党的发展史，就是一部爱国为民、奋发图强的前进史。中国共产党经历了革命的血雨腥风，经历了新中国成立初的艰苦卓绝，经历了改革开放的大胆尝试。中国共产党引领我们迈过一道道关、一条条坎，从而让我们拥有了如今的华夏盛世。中国共产党始终秉承“天下己任”的价值理念，以全心全意为人民服务为宗旨，用实际行动践行以人民为中心的理念与情怀。如今我们的华夏盛世，是无数先烈用鲜血换来的，是无数前辈殚精竭虑的共同成果，这样的祖国，我们又何能不爱。

爱国主义是中华民族最为深厚的历史情感，是我们国家和民族自立自强的强大精神动力，是凝聚和鼓舞各族人民团结奋斗的一面旗帜。缅怀历史，可以激发中国人民深藏于骨子里的爱国情怀。习近平总书记说：“在中华民族几千年绵延发展的历史长河中，爱国主义始终是激昂的主旋律，始终是激励我国各族人民自强不息的强大力量。”

爱国，不能停留在口号上，而是要把自己的理想同祖国的前途、把自己的人生同民族的命运紧密联系在一起，扎根人民，奉献国家。青年兴则国家兴，青年强则国家强。作为新时代青年，我们要把爱国情怀镌刻在灵魂深处，融入骨血之中，时刻把祖国放在心中！

“天下兴亡，匹夫有责”，只有发自内心深处的热爱，才能有不竭的动力去建设好我们深爱的祖国。国家的繁荣富强依赖于所有中国人勠力同心的奋斗，在为之拼搏，为之奋斗路上，有了这份深爱之心，我们可以战胜任何困难。当年钱学森、钱三强等优秀科学家克服巨大困难毅然回国，为祖国发展贡献力量。这种骨子里的爱国之情，历久弥坚，令人动容。

雄关漫道真如铁，而今迈步从头越。同学们，作为当代大学生，我们是建设祖国未来的强大力量，我们更要适应时代的发展要求，汲取前人经验，努力学习先进的科学知识，增强爱国情感，弘扬爱国主义精神，高举爱国主义旗帜，锐意进取，艰苦奋斗，把爱国之志变成强国之行。为振兴中华民族而奋斗，为创造祖国更加辉煌的未来而贡献自我的力量！

（指导教师：王居华、董　琪）

有一种信仰叫爱国

李潍甄

中国，一个神圣而强大的国家。她为何如此繁荣昌盛？因为每一个中国人的心中都保持着同一种信仰——爱国！

何谓信仰？字典是这么解释的——对某人或某种主张、主义、宗教极度相信和尊敬，拿来作为自己行动的榜样和指南。试问在座的各位，你们的信仰又是什么呢？在无数的信仰当中，有一种信仰，独树一帜，具有非凡的意义，可以改变一个人、许多人乃至一个国家的命运。它，叫爱国！

近代以来，在中国处于水深火热之时，不同的人有着不同的信仰。比如李大钊信仰马克思主义，胡适信仰实验主义，陈延年信仰无政府主义，他们为了自己的信仰苦苦钻研，试图证明自己的信仰是正确的。他们为什么会去钻研这些主义呢？归根结底，他们是为了拯救处于水深火热之中的中国人民！他们是为了全中国而努力、奋斗，他们的所作所为都体现了同一种信仰，那就是爱国！

上小学的时候，学校广播站每天都会放一首歌，“我们是共产主义接班人，继承革命先辈的光荣传统，爱祖国，爱人民，鲜艳的红领巾飘扬在前胸……”这首歌在潜移默化中教导我爱祖国，爱人民。这是中国少年先锋队的队歌，也是我记忆中有关爱国主义教育的启蒙歌。

“爱”这个字包含很多种意思，敬爱、关爱、珍爱、爱护等等。故“爱国”亦可以理解为敬爱我们的祖国、关爱我们的祖国、珍爱我们的祖国、爱护我们的祖国。敬爱这一方滋养华夏儿女五千年的土地，传承这源远流长、博大精深的传统中华文化；关注国家大事，心系国家发展，投身于伟大事业，将热情和汗水挥洒在这片伟大的土地上；珍视革命先烈用青春和生命为我们换来的和平时代；拥护社会主义制度，拥护中国共产党的领导。

中国历史悠久，疆域辽阔，炎黄子孙在这片神秘而伟大的土地上繁衍生息。孕育了伟大民族和伟大文明的祖国啊，我们应当敬爱她！敬爱她的绿水青山，敬爱她的风土人情，敬爱每一寸哺育我们的土地。中国人最讲究的就是传承，中华文明是人类文明史上唯一没有中断而延续至今的古老文明，中医药就是老祖宗留给我们的无数瑰宝之一。作为医学专业的大学生，继承和弘扬中医药文化是我们不可推卸的责任和使命，我们要把老祖宗留给我们的中医药宝库保护好、传承好、发展好，坚持古为今用，努力实现中医药健康养生文化的创造性转化、创新性发展，使之与现代健康理念相融相通，服务于人民健康。

风声雨声读书声，声声入耳；家事国事天下事，事事关心。作为新时代青年大学生，我们不仅要用功读书，还应该了解国家发展的大事件，要心系天下，胸怀国家。习近平总书记给南京大学留学归国青年学者的回信中表示，生逢伟大时代是人生之幸，留学归国青年要心系“国家事”、肩扛“国家责”。这虽是给留学归国的青年的嘱咐，更是对当代所有青年的殷切希望。作为新时代青年，我们必须承担起时代使命，关注时事，关心国家发展和人民生活的热点和难点，坚定理想信念，随时准备着为国家的发展贡献自己的力量。

新中国是英雄先烈用生命换来的，我们要缅怀那些为新中国付出鲜血和生命的烈士，是他们的付出开启了我们的幸福生活，是他们的无私奉献让我们有现在的生活环境。我们庆幸生在这样一个伟大的时代，也庆幸出生在一个和平的国家。广大青年要坚持刻苦学习，面向现代化、面向世界、面向未来，以只争朝夕的紧迫感，如饥似渴地学习，不断充实自己、提高自己、丰富自己，同时还要注重在实践的熔炉中增长见识、砥砺品质、强化本领，努力成为可堪大用、能负重任的栋梁之材，让新时代听到我们青年最响亮的声音！

拥护中国特色社会主义就是拥护中国特色社会主义道路、理论、制度、文化。党的十九届四中全会指出，中国特色社会主义制度和国家治理体系是以马克思主义为指导、植根中国大地、具有深厚中华文化根基、深得人民拥护的制度和治理体系，是具有强大生命力和巨大优越性的制度和治理体系，是能够持续推动拥有近十四亿人口大国进步和发展、确保拥有五千多年文明史的中华民族实现“两个一百年”奋斗目标进而实现伟大复兴的制度和治理体系。青年是祖国的未来，民族的希望。任何一个时代，青年大学生都是社会上最富有朝气、最富有创造性、最富有生命力的群体。我们是在改革开放的历史条件下成长起来的一代，是在中国特色社会主义事业不断推进的进程中成长起来的一代。一切有理想、有抱负的中国青年大学生，必须在中国共产党领导下，积极投身到中国特色社会主义伟大事业中去，并以此为自己的神圣职责，以此为自己的人生理想，同人民紧密结合，为祖国奉献青春。

（指导教师：蒯世安、刘　怡）

致敬共和国最亮的星

杜　斌

1949年，毛泽东主席在天安门城楼上庄严宣告："中华人民共和国中央人民政府今天成立了。"2019年，新中国已走过70年的光辉历程，即使发展道路上经历了许多坎坷，但有一群人，他们坚守爱国心、心怀报国志，将个人梦想与国家命运紧密相连。70年的华彩年轮，他们守初心、担使命，以卓越的功勋和崇高的精神感染亿万国人，汇成助推国家发展进步的雄浑力量。

征程与功勋

1967年6月17日，罗布泊沙漠深处，蘑菇云腾空而起，一声巨响震惊世界。新华社对外庄严宣告：中国第一颗氢弹在西部地区上空爆炸成功！从第一颗原子弹爆炸到第一颗氢弹试验成功，美国用了7年多，苏联用了4年，中国仅用了2年零8个月，是他28载隐姓埋名，填补了中国原子核理论的空白，为氢弹突破作出卓越贡献，他就是"共和国勋章"获得者于敏。

1961年，于敏开始了氢弹理论探索任务。从那时起，他开始了长达

28年隐姓埋名的生活。名字解密后，于敏收获了应得的荣誉。在新中国成立50周年的群众游行观礼台上，被授予“两弹一星功勋奖章”的于敏看着科技方队通过广场时感慨万分：“这是历史赋予我们每个科学家义不容辞的使命。”

2015年1月9日，于敏获得了2014年度国家最高科学技术奖，“国防科技事业改革发展的重要推动者”“改革先锋”等一系列至高荣誉纷至沓来，但于敏一如既往地低调。于家客厅高悬一幅字——淡泊以明志，宁静以致远。2019年1月16日，于敏溘然长逝，享年93岁。他兑现了对祖国的诺言，以精诚书写了中国现代史上一段荡气回肠的传奇。他说：“一个人的名字，早晚是要没有的，能把微薄的力量融进祖国的强盛中，便足以自慰了。”

赤诚与信仰

在山西省平顺县西沟村，曾有一位耄耋老人，年复一年，仍坚持着自己劳作。春天播种，下地秋收，冬天除雪，步履日渐蹒跚，但她仍充满力量。她就是申纪兰，山西省平顺县西沟村原党总支副书记，第一届至第十三届全国人大代表，“共和国勋章”获得者。除了不时整理行装进京开会，几乎没有什么能把她和普通农妇区别开。

“当人大代表，就要代表人民，代表人民说话，代表人民办事。”申纪兰是这样说的，也是这样做的。为了响应党中央环境保护的号召，不把污染留给子孙后代，2012年，申纪兰和西沟村民决定拆除不符合国家产业政策和环保要求的铁合金厂，重新寻找新的发展定位。几年间，西沟村的红色旅游基础设施得到新建，新产业基地拔地而起。

作为唯一连任十三届的全国人大代表，申纪兰通过建议和议案将老区脱贫振兴带入了快车道。

每当有团体到西沟村参观学习，她总会在西沟村的会堂给大家介绍：半个多世纪里，在党的带领下，农村发生了翻天覆地的变化。申纪兰说："我的话，就是一个农民对党的恩情由衷的感激。"永远跟党走是申纪兰不变的初心，她像一棵劲松，坚韧挺拔，用坚强与朴实在新中国的历史上写下传奇的一页。

梦想与使命

干瘦、黝黑、小平头，同几十年前最初进入大众视野时一样，袁隆平似乎没有什么改变，即使年过九旬，他也是几乎每天下田。袁隆平在20世纪50年代开始从事国家水稻育种研究。1996年，当时的农业部提出了超级稻育种计划，袁隆平领衔的科研团队接连攻破超级稻亩产700公斤、800公斤、900公斤、1000公斤和1100公斤的难题，五期目标全部完成。袁隆平在中国工程院的一次座谈会上表示："我们遥遥领先全世界。"长期在袁隆平身边工作的湖南省农科院党委书记柏连阳表示，袁隆平院士经常教育青年科技工作人员，电脑上是种不出水稻的，鼓励大家要把论文写在大地上。只要有人去他家里请教讨论杂交水稻工作，他总是热情接待，可以不吃饭不睡觉也要认真交谈杂交水稻。

2019年，袁隆平被授予"共和国勋章"。后来在接受采访时，袁隆平坦言被授予"共和国勋章"很激动，但他更把这个荣誉当成是一种鞭策。他说，"我不能躺在功劳簿上睡大觉，要继续努力，继续攀高峰"，"我希望今年的示范田，实现亩产1200公斤、每公顷18吨，向中华人民共和国成立70周年献礼"。

作为新时代大学生，我们应该胸怀赤子之心，树立远大的目标和坚定的信念，为国家为社会献出自己的一份力量，在充满坎坷的漫漫征程中，找到属于自己，属于社会，属于国家的“功勋”。作为一名医学生，我们的职责就是学好医学理论知识，为人类健康贡献力量，为中华民族的伟大复兴贡献力量。让我们以英雄模范为榜样，不断钻研，刻苦学习，用自己的学识奉献广大人民群众，以孜孜不倦的理论学习滋养理想信念，用驰而不息的实践锻炼增长本领才干，勠力同心、砥砺前行，在新时代征程上奏响中华儿女的奋进凯歌。

（指导教师：董玉节、聂多伟）

告白祖国——五星红旗

徐倩倩　杨丹丹

中华人民共和国的国旗、国歌、国徽，是我们国家的象征与标志，彰显着国家和民族的精神，深深镌刻在中华儿女的灵魂深处，是中华儿女心中永远的眷恋。每当我的耳边响起国歌，无论身处何处，我都会驻足仰视前方，这时我的眼前就好像出现了一面旗帜，鲜红的底色上有着五颗星星，小五角星包围着大五角星，这面旗帜有一个响亮的名字——五星红旗。今天就让我带大家走近国旗，了解这面伟大的旗帜背后的故事。

1949年9月27日，全国政协第一届全体会议上通过的《关于中华人民共和国国都、纪年、国歌、国旗的决议》中，第四点规定："全体一致通过：中华人民共和国的国旗为红地五星旗，象征中国革命人民大团结。"在随后的条文中规定：中华人民共和国国旗为五星红旗，长方形，红色象征革命，其长与高比为3∶2，旗面左上方缀黄色五角星五颗，象征共产党领导下的革命大团结，星用黄色象征红色大地上呈现光明。一星较大，其外接圆直径为旗高3/10，居左；四星较小，其外接圆直径为旗高1/10，环拱于大星之右侧，并各有一个角尖正对大星的中心点，表达亿万人民心向伟大的中国共产党，如似众星拱北辰。旗杆套为白色，以与旗面的红色相区别。《史记·天官书》中也提到："五星分天之中，积于东方，中国利；

积于西方，外国用(兵)者利。五星皆从辰星而聚于一舍，其所舍之国可以法致天下。”这一设计满足了各个阶级，各文化，各民族人群对于国旗的需求和想象，因此得到了普遍的欢迎。

美丽的国旗，庄严的国旗，一星居中，众星闪闪，普照大地；使人一望，便有人民团结，国家昌盛，革命胜利的自豪感和亲切感。整个图案，庄严而显华丽，简单而不单调；雍容而具气势，明朗而不萧疏。

96步，是从金水桥走到国旗杆下的步数。46秒，是国旗升起需要的时间。一年365天，天安门广场上的五星红旗都会与太阳一同升起。守护好这面五星红旗，是每一名国旗护卫队战士的职责和使命。当看到天安门广场上的国旗护卫队的战士肩扛五星红旗，雄伟、庄严地走向升旗台时，你是否也愿意与他们一起，守护这面五星红旗？

有五星红旗飘扬的地方，就有爱国心。

我想说的是，中国有14亿人，就象征着国旗有14亿护旗手，我们每一个人都会用自己的行动去捍卫国旗，因为那一抹中国红，是昨日先辈奋斗之热血，是今日中国青年心中燃起的信念之火！向国旗致敬！

（指导教师：林家虎、欧阳菁菁）

弘扬五四精神 争做时代新人

阮孝钦

在2020年五四青年节来临之际，第24届“中国青年五四奖章”抗疫追授个人名单公布，其中李文亮、宋英杰、陈健、王烁，这些名字你是否还有印象？他们是谁呢？他们都是坚守在抗击新冠肺炎疫情第一线的医生，但令人痛心的是他们永远离开了他们一直坚守的工作岗位，无法和我们一起欣赏武汉的樱花了。

臧克家在《有的人》中写道：“有的人活着，他已经死了；有的人死了，他还活着。”虽然他们的生命走到了尽头，但是他们的事迹将被铭记。他们是五四精神最好的践行者，他们的精神将激励着我等后辈青年继续前行。

习近平总书记曾经说过，“青年兴则国家兴，青年强则国家强”。而五四运动作为近代一次具有重大意义的青年运动，它给后辈青年留下了宝贵的精神财富——五四精神。

五四精神的来源

在鸦片战争，特别是甲午战争之后，中国青年认清了清政府腐朽无能的事实，他们开始觉醒，并从孤立逐渐走向联合。第一次世界大战结束后，巴黎和会不顾中国提出的维护国家领土主权的三项提案，把德国在山东的特权全部转让给日本。这激发了当时青年的民族意识和主权意识。“外争主权，内除国贼”，激愤的中国青年走上街头，为反对帝国主义的奴役和封建军阀政府的卖国行径而奔走呼号。这就是震惊全国的五四运动，它标志着中国青年作为一种崭新的力量登上历史舞台，孕育了以“爱国、民主、进步、科学”为主要内容的五四精神。

五四精神的内涵

五四精神是一种爱国精神。“天下者，我们的天下；国家者，我们的国家；社会者，我们的社会。我们不说，谁说？我们不干，谁干？”这是毛泽东同志在五四运动时期所发出的呐喊，体现了他高昂的爱国主义情怀。五四运动激发了中国人民与中华民族追求真理、追求进步的伟大觉醒。五四时期，马克思主义等各种进步思想在中国广为传播，对瓦解落后愚昧的封建专制思想形成了摧枯拉朽之势。

五四精神的当代意义

虽然五四运动已经过去一个世纪，但五四精神锻造和培育了一代又一代中国青年，影响了他们的思想和行为，激起了他们的热血和感情。一代人有一代人的使命，爱国主义在社会发展的不同历史时期有不同的具体内容。五四运动时期的爱国精神是先进青年在中华民族生死存亡的紧要关头迸发出的救亡图存的担当精神，英勇顽强的革命精神。那么今天的中国，民族独立、人民解放、国家富强、人民富裕，正朝着社会主义现代化的目标继续前进。在这种社会背景之下，爱国精神又意味着什么？

还记得，新冠肺炎疫情暴发以后，依然坚守岗位的医护人员吗？还迅速搭乘高铁前往武汉的钟南山院士吗？还记得那位身患渐冻症，双腿已经开始萎缩，却依然坚守在抗疫一线的金银潭医院院长张定宇吗？他们视死如归，坚守岗位，将个人的前途和命运与国家的前途和命运紧密地结合在一起，将自己的爱国激情融入抗击新冠肺炎疫情工作中，用无怨无悔的坚守和付出，在平凡的工作中书写新时代的不凡。

爱国从来不是一句空话，而是具体的、永恒的、实在的感情流露。新时代弘扬爱国奉献精神，就要像这些人民英雄那样坚守自己的职责，始终保持一腔爱国奉献的真挚情怀，勤勤恳恳，兢兢业业。

当代青年如何践行五四精神

五四精神的核心是爱国主义精神。中华民族历经千年，有过辉煌，也经历过苦难，但是无论在哪个时期，爱国主义精神始终与国家同在。先有诸葛亮为蜀国鞠躬尽瘁，死而后已；后有范文正公先天下之忧而忧，后天下之乐而乐；再到五四运动中的爱国志士怀着一腔爱国热情，为中国的民主进程立下了汗马功劳。所以，当代中国青年弘扬五四精神就要热爱我们伟大的祖国。习近平总书记说：“当代中国，爱国主义的本质就是坚持爱国和爱党、爱社会主义高度统一。”中国青年坚持爱国主义就要听党话，跟党走，认真学习马克思主义，增长见识，练就本领，做能担起历史重任的时代新人。

树高千尺，依旧深扎沃土；翻越千山，不忘来时的路。我辈青年人需牢记历史，立足当下，积极进取，艰苦奋斗，发扬五四精神，争做时代新人。

（指导教师：董　琪、成伟业）

爱国主义精神历久弥新

许修远

爱国主义并不是一个抽象的观念，它具有鲜明的时代性、民族性和阶级性。对一个国家和民族来说，在不同的时代，爱国主义的含义也不尽相同。

爱国主义体现了民众对自己国家的浓厚情感，也体现了个人与国家的依存关系，是人们对自己故土家乡、民族和文明的归属感、认同感、尊严感与荣誉感的统一。爱国主义还体现在我们生活的方方面面：热爱祖国的大好河山，热爱自己的骨肉同胞，热爱祖国的灿烂文化……邓小平同志曾情真意切地说："我荣幸地以中华民族一员的资格，而成为世界的公民。我是中国人民的儿子，我深情地爱着我的祖国和人民。"这便是一种爱国情怀。

《光明日报》曾经报道了一件事，在江南某市的选美决赛会场上，主持人问了美丽的女士们一个问题："中国古代的四大发明是什么？"。现场的女士无一知晓，最后只有一位女士勇敢地说了一句："我猜可能有一种是火柴吧？"全场惊愕之余，复又哄堂大笑。她们对中华民族的历史和文化知之甚少，值得大家深思，所以在这里我们很有必要讲一下爱国主义的优良传统。

一是热爱祖国、矢志不渝。古代的爱国人物和爱国思想，通常与君王和大臣联系在一起，这是时代和阶级的局限，但是我们不能因此而否定那些人物与思想。比如南宋末年的文天祥，被元军俘虏却宁死不降，不管是恶毒的折磨还是丰厚财宝的诱惑都不能扑灭他内心的火焰。“人生自古谁无死，留取丹心照汗青”是他最后留下的诗句，至今读起来仍能感受其视死如归，宁死不屈的民族气节！

二是天下兴亡、匹夫有责。中华民族上下五千多年的历史，其中充满了磨难艰险，但是爱国主义精神让我们这个民族形成了强大的凝聚力。自古以来，便有无数仁人志士在祖国危难时刻投身一线为国奉献。自新冠肺炎疫情发生后，无数医护人员逆行而上，投身抗疫一线。他们不怕吗？怕！他们也有家人也有顾虑，但是依然选择了迎难而上。我相信在他们的心中，责任和爱国情感战胜了一切恐惧。他们包括那些无数默默工作在抗疫一线的志愿者，是中国打赢这场抗疫战的关键，是他们给我们带来了希望。

三是维护统一、反对分裂。我们伟大的祖国，是一个历史悠久的多民族的文明国家，历史上虽然有过多次内部纷争，但分裂是不得人心的，经过广大人民的努力，最后总是复归于统一。维护统一、反对分裂，是中华民族的光荣传统。中国共产党人始终把实现祖国的完全统一作为自己的历史使命，为此进行了长期不懈的奋斗。为了实现祖国的和平统一，党的十一届三中全会后，邓小平同志提出了“和平统一、一国两制”的伟大构想。以这种方式实现祖国统一的构想，从中国实际出发，照顾到各方利益，既体现实现祖国统一、维护国家主权的原则性，又充分考虑香港、澳门和台湾的历史和现实，体现了高度的灵活性。实行“一国两制”，有利于香港、澳门和台湾的长期稳定，有利于祖国统一和民族振兴，有利于世界的和平与发展。

四是同仇敌忾、抗御外侮。林则徐虎门销烟不畏英国列强威胁、邓世昌英勇牺牲誓与军舰共存亡……无数的爱国事迹在史书中长存，中华民族在抵御外侮中从来没有屈服过，而是万众一心、同仇敌忾共同抵御外族的侵略，尤其是在抗日战争时期，国共两党在民族危机空前加剧的情况下，再次并肩抗战，在政治、军事、经济等方面展开了广泛而密切的合作，最终取得了抗战的全面胜利，也为世界反法西斯战争的胜利作出了巨大的贡献。

新时期中华民族的爱国主义精神，既继承了历史上爱国主义的优良传统，又吸纳了鲜活的时代精神，内涵更加丰富了。作为当代大学生，我们一定要维护国家的统一，响应时代的号召，培养创新精神，积极地投入祖国建设的洪流中，发挥我们的专业知识，为社会主义现代化建设添砖加瓦，成为一名合格的社会主义接班人。

作为新时代的青年，我们爱国要落实到具体的行动中，而不能停留在口号上。若是医生，首先便要有医德，利用自己高超医术为他人解决病痛；若是老师，就要一视同仁地对待学生，为学生传道授业解惑；若是艺术家，可以博览古今中外的艺术作品，既要吸收国外先进的思想，又要了解我们传统文化精华，创作出色的作品。只要每个人都能做好自己的事情，我相信中华民族的复兴指日可待。

（指导教师：王　炤、成伟业）

爱国与中医药文化

张笑颜

爱国主义是中华民族精神的核心。爱国是一种崇高的思想品德，是中华民族几千年历史锻打出的伟大力量，是激励中华儿女团结奋斗、逐梦创新的不竭动力。爱国主义是具有时代性的，在不同时期，爱国主义的内涵也有所不同。从新中国成立前的反对压迫、争取独立，到新中国成立后保卫和建设社会主义新中国及社会主义现代化建设，每一步都是惊天动地的转折，每一步都凝结着中华儿女的团结奋斗，每一步都见证着爱国主义的时代价值。习近平总书记多次对弘扬爱国主义精神作出重要论述，强调要开创中华民族伟大复兴新局面，必须大力弘扬伟大的爱国主义精神。传承优秀的中华文化是爱国主义教育的重要内容。中医药文化是中华文化的精髓，是打开中华文明宝库的钥匙。

中医药文化历千劫而不朽，经百代而长兴。党的十八大以来，习近平总书记把中医药事业发展放在全面深化改革、进一步扩大对外开放的战略高度，融入实现“两个一百年”奋斗目标、实现中华民族伟大复兴中国梦的伟大实践中，多次作出重要指示。这充分证明了，中医药文化的前进发展是必然趋势。在中医药院校，爱国主义教育的内容就是传扬优秀的中医药文化。学生可以从品读良医理论中学习“大医精诚”的优良品质，在社区义诊、临床实践中体会“悬壶济世”的济世情怀。爱国主义教育有利于使学生提高对传统文化的认同感、信念感，逐渐树立社会责任感、历史使命感，进而促进中医药文化的接力与传承。作为中医院校的学生，我们不仅要主动学习中医基本理论知识，传承优秀民族文化；更要扎根基层，勇于实践，提高专业技能，为人民服务。

创造精神、梦想精神是民族精神的重要内容。推陈出新、守正创新，是传承爱国主义精神的体现。古有王惟一主持制作针灸铜人、王清任编纂《医林改错》；如今，中成药的广泛运用、在抗击新冠肺炎疫情时中医与西医的有效结合，都是中华儿女对中医药文化的探索创新，都是中医药文化不断发展、造福人类的具体体现。

中华文化博大精深、源远流长，中医药文化是其中闪亮的瑰宝。中国特色社会主义进入新时代以来，以实现中华民族伟大复兴的中国梦为主题的爱国主义教育已取得显著成效。中医药院校应以大力发扬和传承中医药文化为主题，对中医药专业学生进行爱国主义教育，鼓励他们继承中医药事业，推动中医药文化向前发展。对于高校学生来说，学习传统知识，也可以进一步感受爱国主义的具体内涵，二者相辅相成，对学生的成长、学习能产生积极影响。

（指导教师：濮燕屏）

中医人的爱国情怀

赵汉卿

热播国剧《老中医》一时间引起了众多热议，其跌宕起伏的剧情，将观众带回到那个救亡图存的年代。《老中医》中的主人公翁泉海，作为孟河医派的传人，一心想要将传统的中医国粹发扬光大。所以当他从家乡辗转来到繁华的大上海滩闯荡的时候，并没有被眼前的困境所击倒。当时洋人开设的西医医院在上海滩声望很高，而中医在人们眼中，却不被信任，没有什么影响力。为此，翁泉海为了振兴中医，他不断地精进自己的医术，面对来势汹汹的西医文化，翁泉海也没有呈现出任何的抵触心理，相反地，他想方设法地将自己擅长的医术去跟西医融会贯通，并在这个基础上不断地去研究并丰富中医文化。翁泉海的不懈努力，不仅让孟河医派名声传开了，同时也让中医得到了更多老百姓的信任。后来日本发动侵华战争，在国家危难之际，翁泉海更是第一个站了出来，他竭尽自己所能地去救死扶伤，帮助前线的战士们。剧中主人公经历的诸多坎坷，在近代中国发展中也都有迹可循，其中“废止中医案”一事更是将整部剧推向高潮，以翁泉海为代表的中医界同仁们，力挽狂澜，一场关乎中医学生死存亡的运动从上海继而辐射全国。

1929年2月，国民政府卫生部召开了第一届中央卫生委员会。在会上，余云岫、褚民谊等人提出四项议案，这四项议案的内容基本上包含在余云岫起草的《废止旧医以扫除医事障碍案》中。此提案暂行通过后，全国中医界同各路仁人志士争相请愿，创办公会，通电相告。一时间，抗议声势浩大无比，最终请愿团收到国民政府文官处的批示：撤销一切禁锢中医法令。“废止中医案”也至此被湮灭在历史长河之中。

在反对“废止中医案”的抗争中，中医界与民间始终统一行动、团结合作。中医界上下齐心地抗争，不仅仅是社会问题所引起的社会关注，更是在西方文化的大举冲击下，华夏儿女为传承千年民族瑰宝的重要义举。

中医药传承悠久，源远流长，经历过历史的洗礼，也经受了时代的考验，更是在一代代医家医案的验证下，为中华儿女的健康保驾护航。习近平总书记曾对中医药的历史地位、时代价值给予高度评价：“传统医药是优秀传统文化的重要载体，在促进文明互鉴、维护人民健康等方面发挥着重要作用。中医药是其中的杰出代表，以其在疾病预防、治疗、康复等方面的独特优势受到许多国家民众的广泛认可。”

正是因为有了一代又代中医人的捍卫，才使得千年瑰宝——中医药得以发扬。而在中医药传承与创新中，也涌现出一批将治病救人、严谨治学与爱国敬业融为一体的医学大家。

身死不忘爱国的国医亚圣成无已，出生于杏林世家，晚年的他被掳掠到金国。他冒死将《注解伤寒论》书稿交给南宋人王鼎。王鼎借款将此书出版，当时距成无已逝世已经十六七年了。成无已终其一生虽未见刊成之书，但终得夙愿了结，一生心血所著回归故国，继而造福百姓，为后世所用。

桃李满天下的国医大师朱良春，年少时身患结核，错失求学机会。但经由中医治疗后病祛身愈，此后他便对中医产生无限向往，弃商从医。“济世活人，积德行善”，是父亲得知朱良春决心学医后的嘱咐。经人介绍，他来到吴中孟河，拜马惠卿先生为师，正式成为太医马氏医学的传人。他孜孜不倦，挖掘民间秘方，先后说服其他医学大家，将独门秘方献给国家，未将所学独酌。而朱老一生所愿便是传承医药，所以他广开门庭，从不藏私教授，桃李满天下。

诺贝尔生理学或医学奖获得者屠呦呦，在诸多耀眼的荣誉之下，谦逊地阐释着中国人的博大胸襟。她说："青蒿素是传统中医药送给世界人民的礼物，对防治疟疾等传染性疾病、维护世界人民健康具有重要意义。青蒿素的发现是集体发掘中药的成功范例，由此获奖是中国科学事业、中医中药走向世界的一个荣誉。"邓稼先曾经说过："虚荣的人注视着自己的名字，光荣的人注视着祖国的事业。"屠呦呦用她的自我实践，诠释了什么是爱国，什么是真正的爱国主义。

爱国是人世间最深沉、最持久的情感，是一个人立德之源、立功之本。一个人爱国与否，不仅在精神层面形成高尚与卑劣、伟大与渺小的分界，也往往在意义层面引致人生价值、社会贡献的分野。历史实践告诉我们，无论是赤胆忠心献身国防事业，还是全心全意为民生福祉打拼，或是鞠躬尽瘁致力于重大科技创新，在国家大事、民族大义、时代需要面前，爱国情感总能生发出强烈的责任感、旺盛的战斗力、执着的事业心，指引一个人建树卓著功勋。可以说，拳拳爱国心、殷殷报国情，构成了一个人养浩然之气、立鸿鹄之志、成不朽之业的精神源泉。

千百年来，中医人始终传承精华，守正创新，坚守岗位，救死扶伤，启迪后昆智慧，彰显国医辉煌，推动中医药朝着高质量方向发展。

（指导教师：董玉节、项银霞）

弘扬中医药文化 传承国粹精神

潘建全　刘　玉　马静茹

中医是我国的国粹，而中药是中医的魂魄。学医先识药，识药先懂医。无医不知药，无药不成医。中医药文化凝聚着深邃的智慧和中华民族几千年的健康养生经验，是中国古代科学的瑰宝！

但是，为何会有专家发出“中医将亡于中药”的警示？

过去三五服中药喝下去疗效就出来了，现在十服八服也不见效。从事几十年中药的老中医，却不敢用现在的中药。在患者眼中，中药服用剂量大、服用方法麻烦、见效慢。这样下来，患者首选的就是使用方便，见效快的西药。中药的治疗效果不好，自然会影响到民众对中医药的信心。出于对中医药现状的担忧，才有专家发出“中医将亡于中药”的警示。

这不仅是对中医药的担忧，更是对每一个中医药行业工作者的劝勉。在我国中医药事业进入新的历史发展时期之际，亟须破解中医药面临的质量和资源困境，绝不能让中医亡于中药。

中医是我国劳动人民在长期防治疾病的实践中创造的独具特色的医学科学，千百年来为中华民族的繁衍昌盛作出了不可磨灭的贡献。弘扬中医文化，传承国药精粹，使其更好地造福于民，是每一个中华儿女的神圣职责和义务。

作为中医药专业的学生，遵循中医药的发展规律、传承精华、守正创新可以从以下几点出发。

第一，加强理论传承。中医药理论孕育于中华传统文化，吸收了其最精粹的思想。如“见微知著，司外揣内”的整体观和“观其脉症、随证治之”的辨证论治观等。中医药充分汲取了中华文化的精髓，对于今天的医学界乃至其他领域均有重要的意义。

第二，勇于理论创新。中医药学在解决复杂医学问题的过程中，既具有普遍一般规律的总结和推演，同时也能实事求是地灵活变通，形成了能不拘一格而知常达变的特色。如中医药学在整体观念的主导下能宏观、系统地对天文、地理、人事进行普遍联系，同时围绕人体对脏腑经络、组织官窍、生理心理等进行了符合临床实事的有机联系，因此形成了对于生理、病理认识的一般规律。这些一般规律对于复杂多变的临床情境虽有高屋建瓴、提纲挈领的指导意义，但具体到个人不同情形又有千差万别的各异状况，因此基于整体观念而在医学实践中衍生出更为实用的辨证论治特色，从而在临床论治中能既讲原则而又灵活制宜，充分完善了医学实践能力。也正是基于这一本质，我们才能看到历代医家在传承精华的基础上而能不断守正创新，面对疾病谱的变化、时事物候的变迁、体质环境的变动、医学境况的变异，中医先贤不断地进行着医学理论的革新。

第三，重视经典名方学习。中医药学历经千年的积累，凝结成了浩瀚的医学文献。我们要把我们自己的经典名方转化为品质高、疗效好的药物，造福百姓。

第四，注重中医药的人文精神。在很多疾病的晚期，医术回天乏力之时，人文精神就显得尤为重要。古人云：“大医精诚”，在医疗技术飞速发展的时代，更不能忘却医疗行为中人文精神的作用，中医药所蕴含的人文关怀，在医患沟通中有重要的教育意义。

近年来，国家一直提倡要探索建立中医药体系科研。中医药学守正创新的关键在于不遗余力地传承并发展中医药的智慧，走出有中医药特色体系的科研道路。走中医药特色体系的发展道路，不仅是回归传统，更多是要学习古人与时俱进、海纳百川的精神，以开放包容的心态面对科技进步，用开放包容的心态汲取各学科的优势，这样才能真正打破中医药的固化境地。

中医药体系创新也不能忽视医疗服务的目的，不论是新药研发、药材培育，还是人才培养，除顺应时代潮流、社会需求以外，应以解决患者疾病，缓解患者痛苦为首要出发点。

少年强，则国强；少年智，则国智。青少年永远是社会进步的动力，传播中医药文化，传承中医药知识，我们义不容辞。

（指导教师：杨立红、张明燕）

风雨不改中国心

冯书荫　庄晓雪　杨　帆

中国，一个拥有五千多年历史的国家；一个懂得韬光养晦，永远只用实力说话的国家；一个不断创造奇迹的国家。

无国何来家，无家何来我们。古往今来，无数爱国志士的故事被人们广为传颂。无论是明代抗倭名将戚继光，还是抗日民族英雄赵一曼，支撑他们顽强不屈的是那风雨不改的爱国心，鼓舞他们英勇无畏退敌的是那矢志不渝的报国志，见证他们忠贞不渝坚守的是那生死不移的爱国行。他们以天下为己任，以国家兴亡为己任，生于乱世却未选择浑浑噩噩地苟活，向死而生，却成就了自己不平凡的一生。

谭嗣同说过："各国变法，无不从流血而成。今中国未闻有因变法而流血者，此国之所以不昌也。有之，请自嗣同始。"谭嗣同一生轰轰烈烈，即便可以选择生，却毅然慷慨赴死。正如他在《绝命诗》中所言："我自横刀向天笑，去留肝胆两昆仑。"他无畏生死只为守护心中国土，只为国家和民族迎来新生。

袁隆平——"杂交水稻之父"，他解决了中国乃至世界的粮食短缺问题。他不畏艰难险阻，迎难而上，历经失败却从未放弃，最终用实际成果诠释了什么是"一颗种子改变世界"。在这位老人身上，我感受到了他对祖国的那份真挚而深厚的情感，他强烈的民族自信心撼动着我们每一个中国人的心！

“我一直相信，我一定能够回到祖国的，今天，我终于回来了。”这是钱学森回到祖国时，对接待他的同志所说的第一句万分感慨的话。虽然身居海外，但他却一直心系祖国。他对当时同在美国留学的伙伴说：“我们都要争取尽快回国，人民的新中国非常需要我们，需要我们用自己的专长为国家建设服务。”即使美国政府设置重重阻挠，依然抵挡不了他回国的决心和热忱。事实证明他做到了，回国之后，他倾尽一生心血，为祖国航空事业作出了不可磨灭的贡献。

弹指之间，新中国已经走过了70多年的岁月。70年，中华大地沧桑巨变。在1949年的开国大典上，为了让阅兵场面看起来更壮观，周恩来总理安排让最先上场的飞机飞两遍，因为当时的中国仅仅只有17架飞机。如今，飞机再也不用飞两遍。2019年10月1日的天安门广场，三军雄列，战车浩荡，飞机翱翔……世人目睹了自新中国成立以来规模最大、受检阅人数最多的一次阅兵。当阅兵的飞机气贯长虹地划过祖国的蓝天，轰鸣的引擎声是力量的声音，更是新时代中国力量的声音！周总理，这盛世，如您所愿。

2019年年底，新冠肺炎疫情暴发，紧紧揪动着全国人民的心。疫情一发生，党中央果断采取行动，积极发挥制度优势，团结带领全国人民进行了一场规模宏大的疫情防控阻击战。不仅如此，中国积极为全球疫情严重的国家和地区提供力所能及的援助，为全球抗疫注入正能量，最大限度地保障了中国人民和世界人民的生命健康。中国抗“疫”，彰显了大国的担当！

历经百年沧桑，几经挫折，伟大祖国依然屹立不倒，其中少不了爱国主义精神伟大力量的支撑。历史告诉我们，国家的荣辱兴衰与个人的前途和命运有着不可分割的联系。青年是祖国的未来，是时代的希望。在祖国的庇护下，我们茁壮成长。如今，正是我们肩负使命，承担责任，履行诺言的时刻。我们带着爱国这份特殊的情感，终将战胜一切艰难险阻，迎接新时代的盛世朝阳！

（指导教师：董玉节、聂多伟）

觉　醒

陶楠楠

1840年4月，英国议会正式通过了发动了侵华战争的决议案，并立即派出由4000人组成的“远征军”开赴中国。6月，英军到达中国海面，封锁珠江口。至此，英国发动了侵略中国的第一次鸦片战争，用大炮轰开了中国的大门，中国开始迈入近代史的进程。中国人民在吸取鸦片战争血与泪的惨痛教训后，终于开始睁开双眼看世界，不再闭关自守。在魏源提出“师夷长技以制夷”的主张后，部分中国人的民族意识渐渐觉醒了，他们大部分是当时先进的知识分子和官吏中的爱国志士，他们开始了对西方政治和经济学说的探索和学习，并在此基础上提出了早期的维新思想。

中日甲午战争后，中华民族处于生死存亡的关头，中国人才开始普遍有了民族意识的觉醒，救亡图存成了当时的主旋律。康有为在保国会的演讲中高呼：“吾中国四万万人，无贵无贱，当今日在覆屋之下，漏舟之中；如笼中之鸟，牢中之囚；为奴隶，为牛马，为犬羊，听人驱使，听人宰割。此四千年中二十朝未有之奇变。”这是种无可奈何的悲哀，也是种落后于人的羞耻，更是当时中国人民悲惨状况的真实写照。中华民族是一个热爱和平的民族，但她决不能容忍别人对她的肆意侮辱和欺凌，一旦认识到存在严重的民族危机，便会奋起前行。正如著名历史学家金冲及所说：

“如果用短近的眼光来看，甲午战争对中国似乎只是一场备受屈辱的悲剧；但以更长远的眼光来看，却又是一个新的起点。屈辱迫使人们重新思考，屈辱又催促人们猛醒，发愤图强，从而揭开中国近代历史上新的一页。”

为了改变被奴役、被欺凌的命运，无数仁人志士前赴后继，艰辛探寻救亡图存的出路。但事实证明，不触动旧的社会根基的自强运动，各种名目的改良主义，旧式农民战争，资产阶级革命派领导的民主主义革命，照搬西方政治制度模式的各种方案，都不能完成中华民族救亡图存和反帝反封建的历史任务。如何挽狂澜于既倒、扶大厦之将倾？十月革命一声炮响，给中国送来了马克思列宁主义，给苦苦探寻救亡图存出路的中国人民指明了前进方向、提供了全新选择。正是在这个历史大潮中，中国共产党应运而生。中国共产党不同于先前的一切政治团体，她除了工人阶级和最广大人民群众的利益，没有自己特殊的利益，她所做的一切都是为了实现好、维护好、发展好最广大人民根本利益。在中国共产党领导下，经过艰苦卓绝的斗争，中国人民第一次成为自己命运的主人，成为实现自身解放的根本政治力量。

“中国的昨天已经写在人类的史册上，中国的今天正在亿万人民手中创造，中国的明天必将更加美好。”中国特色社会主义进入新时代，涌现出诸如张富清、黄大年、黄文秀等一大批先进典型，他们将个人理想奋斗融入祖国建设中，书写出爱国奋进的精彩华章。新时代青年大学生正处于中华民族伟大复兴战略全局和世界百年未有之大变局中，人生发展黄金期与民族复兴关键期历史性叠合在一起，打上了“复兴一代”“强国一代”的鲜明烙印。新时代青年大学生要成为名副其实的“开路先锋”“事业闯将”，就要用心思考和回答如何更好爱国这一“青春之问”。

当代大学生应当明确爱国主义的基本要求，把深厚的爱国之情、坚定的爱国之志、高尚的爱国之行有机统一起来，真正地实践爱国主义。祖国的山山水水滋养着她的子子孙孙。禾苗离土即死，国家无土难存。我们要热爱祖国的每一寸土地。中华民族的文化，无论是语言、文字、思想、文艺、学术，都在世界上焕发着熠熠光辉，大学生一定要认真学习，了解祖国的历史，了解祖国优秀的文化，守护好、发扬好祖国的灿烂文化。

当代大学生更要准确把握新时期爱国主义的内涵。在当代中国，爱国主义首先体现在对社会主义中国的热爱上，这是每一个公民必须坚持的立场和态度。社会主义集中代表着国家、民族、人民的利益。维护祖国统一，反对民族分裂是中华儿女爱国情怀的重要体现。当代大学生要旗帜鲜明地反对任何分裂国家、损害国家利益和领土完整的言行。得其大者可以兼其小。当代大学生只有把人生理想融入国家和民族的事业中，才能成就一番事业。

习近平总书记指出：爱国，是人世间最悠久、最持久的情感，是一个人立德之源、立功之本。爱国是一个人的本能，但我们需要用行动把它表达出来，而不是只在口头上说说。当大学生心中的爱国热情觉醒的时候，对祖国壮丽的河山、深厚的文化，对国家、对人民才会更加热爱。

国家的未来就在我们手上，青年强则国强，我们要努力地去完善、充实自己，为了实现中华民族伟大复兴的中国梦而不懈奋斗。

（指导教师：任　健、董　琪）

“青眼”看世界——谈爱国主义基本内涵

唐国梁

青年兴则国家兴。爱国主义在新时代必然有新的内涵，青年的爱国情感在新时代也必然有新的表现。

爱国主义体现了人们对自己祖国的深厚感情，反映了个人对祖国的依存关系，是人们对自己家园以及民族和文化的归属感、认同感、尊严感与荣誉感的统一。爱国主义的基本要求包括：爱祖国的大好河山，爱自己的骨肉同胞，爱祖国的灿烂文化，爱自己的国家。

一是爱祖国的大好河山。祖国的河山在人们的心中占据着至高无上的地位。祖国的山山水水滋养哺育着她的子子孙孙。禾苗离土即死，国家无土难存。作为一名中医学生，爱祖国的大好河山，不仅爱它美丽的自然风光，更要知道祖国大地遍地是药草。

2019年暑假，我加入了安徽中医药大学第二届中药资源科学考察队并随团队一起远赴皖南山区腹地，开展野外考察采集作业。15天的时间里，我们走过歙县、黟县、泾县、宣州区。六角莲生在海拔一千多米的黟县泗溪丛林里，黄连生在歙县国有林场六十度的崖壁上，我们翻山、渡河，住帐篷，淋暴雨，无论野外环境多么恶劣，我们都坚持真实地记录下皖南中药原植物的生长环境。

二是爱自己的骨肉同胞。国家是由人民组成的，爱国必然意味着爱人民、爱自己的同胞。在长期的历史发展中，各民族在不断地交流交往交融中，形成了一个有着密切联系的统一整体，特别是近代以来共患难、同甘苦的经历已将各族人民凝聚为一个大家庭。中华民族是一个同呼吸、共命运的共同体，在世界舞台上中国人永远是一个整体。因此，爱国绝不是抽象的，而是要从爱自己身边的同胞做起。

安徽中医药大学第一附属医院的院长杨文明及针推学院院长唐巍有次乘坐高铁出差时，听到高铁乘务组紧急呼叫医生救治急诊病人，他们挺身而出，第一时间赶到患者车厢，开展积极的医治，帮助患者度过危机，安全地等到高铁靠站。这不仅展现了他们高超的医术，更彰显了他们对骨肉同胞的关爱。新时代青年也可以通过自己的实际行动，表达对社会上一些弱势群体的关爱。爱自己的骨肉同胞不是说一定要大张旗鼓，牺牲自我，一次志愿活动也是对人民群众最真诚的关爱。

三是爱祖国的灿烂文化。文化是一个国家、一个民族的灵魂，是一个国家民族得以延续的精神基础。几千年的中医药文化是我们的国粹和瑰宝。在2019年10月25日的全国中医药大会上，习近平总书记强调，要遵循中医药发展规律，传承精华，守正创新，加快推进中医药现代化、产业化，坚持中西医并重，推动中医药和西医药相互补充、协调发展，推动中医药事业和产业高质量发展，推动中医药走向世界，充分发挥中医药防病治病的独特优势和作用，为建设健康中国、实现中华民族伟大复兴的中国梦贡献力量。

安徽中医药大学已发展成为一所以中医药学科为主，相关学科协调发展，办学层次齐全，中医药特色鲜明的高等中医药院校。学校着力培育“精诚是新”的中医药人才，构筑安徽中医药协同创新高地，引领安徽中医药事业发展，致力于为建设现代化五大发展美好安徽，服务人民大众健康作出更大贡献。

四是爱自己的国家。著名教育家陶行知说：“国家是大家的，爱国是每个人的本分。”列宁曾说：“爱国主义就是千百年来固定下来的对自己的祖国的一种最深厚的感情。”孙中山先生说过：“做人最大的事情就要知道怎样爱国。”爱国要从身边小事做起，爱同学、爱父母、爱家乡、爱祖国，只有付出、传递“小爱”才能汇聚成祖国的“大爱”。爱国不仅是一种情感、信念，更是一种行动。作为大学生，我们现在能做的就是努力提升自己的专业素养，用实际行动表达对祖国的爱。

（指导教师：张全喜、王艺伟）

中医发展中的爱国情怀

张丹妮

爱国主义是指个人或集体对祖国的一种积极和支持的态度，揭示了个人对祖国的依存关系，是人们对自己家园以及民族和文化的归属感、认同感、尊严感与荣誉感的统一。习近平总书记指出，爱国，是人世间最深层、最持久的情感，是一个人立德之源、立功之本。爱国主义是中华民族的民族心、民族魂，是中华民族最重要的精神财富，是中国人民和中华民族维护民族独立和民族尊严的强大精神动力。它扎根在亿万同胞的血肉里，深藏在中华民族伟大复兴的理想里。爱国不是一句口号，而是一种情怀和担当。

提到爱国，也许有很多人认为只有那些为国家作出巨大贡献的人才称得上爱国，其实不然，爱国也是很小很具体的事，爱国就在我们身边。传承中华传统美德是爱国，勤奋好学是爱国，诚信是爱国……当然，每个人所处的岗位不同，爱国的形式也各有不同。对于中医人来说，在新时代发展的浪潮中，不忘初心、牢记使命，用实际行动将中医药传承好、发展好、利用好，为中医药事业发展不懈奋斗就是爱国。

第一，要培养医生的职业操守，树立医者大爱无疆的信念，勤修医德。中医药作为一门源远流长的学科，对从业者的道德约束也古来有之。

孙思邈所著的《大医精诚》有言：“若有疾厄来求救者，不得问其贵贱贫富，长幼妍媸，怨亲善友，华夷愚智，普同一等，皆如至亲之想。亦不得瞻前顾后，自虑吉凶，护惜身命。”医生治病，一定是神志专一，心平气和，不可有其他杂念。要有一颗慈悲同情之心，决心解救患者的病痛。如果患者前来求医，不管地位高低、贫富以及老少美丑，是仇人还是朋友，都应该一视同仁，像对待自己的亲人一样为他们治病；也不能只考虑自身的利弊，爱惜自己的性命。医生见着对方因疾病而苦恼，就像自己有病一样去体贴他，由心而发对病人有同情感，不躲避艰险，无论有多艰难，都一心一意去救治他，不借故推托。

第二，要尽己所能地消化和掌握所学习的专业知识，不断积累临床经验，让自我快速成长。这不仅是为了成为同学们学习的榜样，更是为了满足患病同胞的期待，将同胞的健康扛在肩头，绝不放过任何知识漏洞与盲区。课堂学习和临床实践时都要带着使命感，把知识网络结得密密匝匝，面面俱到，以期救同胞于恶疾，还病体以康健。

第三，要发展中医药理论，助力中医药有效传承。中医药要发展，首先要遵循中医药自身规律，在中医药理论指导下采用中医思维方法。当代中医药的式微，在很大程度上是受到西医思维方式的冲击和影响。但中医药要发展，必须充分利用现代科技发展成果。中医药学从来不是封闭的，而是开放的、与时俱进的。中医药要发展，应充分吸收和利用当代人类文明的新认识和技术方法。当代科学技术突飞猛进，中医药发展需要与现代科技相结合，不断丰富中医药的科学内涵和时代特色。探索中医药创新的方法和路径，既要从古代经典医籍中寻找创新灵感，更要学习和借鉴现代先进科学技术。借助现代科技发展成果，应用大数据技术、云平台系统、人工智能算法等新技术手段，将浩瀚的中医药文献资源和临床经验中蕴含的海量碎片状非结构化有效信息进行高效有序地整理利用；运用真实世界中医信息系统，实现资料和信息的电子化采集、名老中医医案的智能化分析和学生深度学习的数据化、规范化、智能化，形成中医药有效传承的新模式，提高中医药的传承效率。

中华五千年的历史长河孕育了博大精深的中医药文化，中医药学是中华文明的结晶，让我们继承中医药优秀文化传统，为人民健康、国家富强贡献一份力量！

（指导教师：杨才宽、项银霞）

红色耀中华 薪火传后人

赵心雨 周昊然 朱 羽

电影《我和我的祖国》作为国庆70周年献礼片，以新中国成立70年间普通百姓与国家息息相关的7个故事为核，谱写了一曲送给祖国的赞歌。这部献礼影片由《前夜》《相遇》《夺冠》《回归》《北京你好》《白昼流星》《护航》7个部分组成，聚焦新中国成立以来的7个历史高光时刻，塑造了一群大时代背景下可爱可敬又生动鲜活的小人物。这些故事的主人公有研发开国大典电动升旗装置的工程师，有研制原子弹的科研工作者，有观看女排决赛的小男生，有参与香港回归仪式的升旗手，有北京奥运期间的出租车司机……他们都见证了祖国这70年来变革与发展中的某一重要历史瞬间。一个个鲜活生动的普通人的奋斗故事，勾连起一段段难以磨灭的全民记忆。

从硝烟弥漫、艰苦卓绝的革命战争年代，到一穷二白、筚路蓝缕的建设岁月，再到波澜壮阔、惊涛拍岸的改革时代，无数先锋模范在国家前行的大势中寻找人生价值、标注成长坐标。亿万人民振奋精神、接续奋斗，将个体价值的实现与国家民族的命运联结在一起，投身于实现民族复兴的历史洪流，为家国情怀写下了最生动的注脚。一切伟大的成就都是不懈奋斗、接力探索的结果，一切伟大的事业都需要在承前启后、继往开来中推进，这些成果的背后是无数人的心血与汗水。有多少“高远”为大家舍小家，他们是最不能被忘记的“民族脊梁”！他们的行为让我们彻底明白那句：“生活哪有什么岁月静好，只是有人在为你负重前行。”那些为我们负重前行的人，平凡而伟大。

爱国主义不是一个抽象的概念，也不是动听的口号，它最终要落实到脚踏实地的行动上。对中医院校的大学生来说，爱国主义体现在对科学高峰的艰苦攀登上，体现在勤奋学习、汲取知识的课堂上，体现在尽职尽责、救死扶伤的岗位上。振兴中医是中医药院校学子义不容辞的责任，也是爱国主义的具体体现。中医药学为中华民族的健康、繁衍、昌盛作出了不可磨灭的巨大贡献，对世界医学的发展也起到了有利的促进作用。我们作为新安医学的传承者，在安徽中医药大学学习的时间里，要不断深入对“至精至诚，惟是惟新”的理解，不断将“南新安，北华佗”的医学精神发扬光大。

一个时代有一个时代的主题，一代人有一代人的使命。建成社会主义现代化强国，实现中华民族伟大复兴，是一场接力跑，我们要一棒接着一棒跑下去，每一代人都要为下一代人跑出一个好成绩。正如习近平总书记所说的：“广大青年要坚定理想信念，志存高远，脚踏实地，勇做时代的弄潮儿。在实现中国梦的生动实践中放飞青春梦想，在为人民利益的不懈奋斗中书写新的华章。”我们正是广大青年中的一分子，只要我们志存高远，脚踏实地，就一定能推动实现中华民族伟大复兴的中国梦，一定能在社会主义新征程中奏响时代的最强音。

（指导教师：梁祥凤、欧阳菁菁）

我爱我的祖国

陈君怡　刘吉雨　蒋安安

每个人都有自己的祖国，我们将祖国比作母亲，因为祖国为每个生长在其怀抱的人提供生存和发展的物质保障和精神依托。我们与祖国，血肉相连，不可分割，没有祖国母亲就没有我们。爱国主义最基本的内容是对祖国的忠诚与热爱，它是调节个人与祖国之间关系的政治原则和道德要求，也是中华民族精神的核心。中华五千年的文明历程形成了这样的文化传统：家国文化。每个家庭都是国家的一部分，又称“小家”；而国家是每个家庭的命运共同体和保护神，又称“大家”。个人、家庭和国家关系的紧密程度从以下语言中就能体现出来：“家和万事兴”“修身、齐家、治国、平天下”……因此，“小家”是“大家”存在的前提，“大家”是“小家”赖以生存的保障。习近平总书记指出，5000多年来，中华民族之所以能够经受住无数难以想象的风险和考验，始终保持旺盛的生命力，生生不息，薪火相传，同中华民族有深厚持久的爱国主义传统是密不可分的。民族因精神挺立而兴旺，国家因英雄辈出而强大，社会因正气浩荡而温暖，爱国主义始终是中华民族和中国人民最坚定的精神依靠，最强大的精神力量。

爱国主义是一个历史范畴。在我国历史发展的长河中，爱国主义的具体内容，爱国主义运动的具体形式、范围、规模，推动爱国主义运动前进的社会力量等，都是随着历史条件和历史阶段的变化而变化的。但是，对中华民族爱国主义传统作宏观考量，其中还是有一以贯之的内容：开发祖国山河，创造中华文明；维护祖国统一，促进民族团结；抵御外来侵略，捍卫国家主权；心系民生苦乐，推动历史进步。正是这些共同的基本内容构成了中华民族深厚持久的爱国主义光荣传统。从孔孟“杀身成仁”“舍生取义”到文天祥的《正气歌》；从范仲淹“先天下之忧而忧，后天下之乐而乐”到顾炎武“天下兴亡，匹夫有责”；从于谦“粉身碎骨全不怕，要留清白在人间”到林则徐“苟利国家生死以，岂因祸福避趋之”；从关天培不畏强敌战死炮台到义和团誓死抗击八国联军；从毛泽东“改造中国与世界”到邓小平建设社会主义现代化强国；爱国主义始终是中华民族的民族心、民族魂，是中国历史上最激昂的主旋律，是动员和凝聚全民族奋进的强大精神力量。在爱国主义这面精神旗帜的激励和引领下，中华民族从来没有在艰难困苦面前退缩过、屈服过、沉沦过。

爱国主义正是潜藏在中国人民心中的价值密码，它指导人们把个人价值的实现同推动国家的繁荣发展对接，把人生意义的提升同增进最广大人民的福祉相连，不断加深对祖国悠久历史、灿烂文化的认同，不断增强做中国人的骨气和底气，努力把我们的国家建设好，把我们的民族发展好。今天的中国，前所未有地接近实现中华民族伟大复兴的中国梦。但实现民族复兴、人民幸福之路，不可能一帆风顺，也不可能一蹴而就，我们要大力弘扬伟大的爱国主义精神，广泛凝聚中华民族一切智慧和力量，万众一心为实现中华民族伟大复兴而奋斗！

（指导教师：郭　跃、欧阳菁菁）

承杏林之志 谱爱国新章

张 顺 周乐乐

最近听到这样一件小事。网上有一段视频，英姿飒爽的兵哥哥，捡起地上的国旗，擦拭干净，让网友大呼“被弯腰帅到”。视频火了之后，许多人们就开始自导自演，先把国旗扔地上，然后再捡起来。

也许他不是有意侮辱国旗，但是想要爱国却只是注重表面的形式甚至弄虚作假，这是不可取的。随意将国旗扔在地上，反映出他缺乏保护国旗的意识，不明白爱国的实质！那么什么才是真正的爱国呢？

爱国体现了人们对自己祖国的深厚感情，也是中华民族的精神核心。爱国有四大基本内涵，爱祖国的大好河山、爱自己的骨肉同胞、爱祖国的灿烂文化、爱自己的国家。

爱祖国的大好河山，不只是热爱祖国的秀丽风景，我们要维护祖国领土的完整和统一，中国的土地一点也不能少。爱自己的骨肉同胞，就是爱人民群众，最主要的是培养对人民群众的深厚感情，紧紧地和人民群众站在一起。爱祖国的灿烂文化，就要认真学习和真正了解祖国的历史，深刻理解祖国的优秀历史文化传统。文化传统作为一个民族群体意识的载体，常被称为国家和民族的“胎记”，是一个民族延续的“精神基因”，是培养民族心理、民族人格和民族精神的“摇篮”，是民族凝聚力的重要基础。

爱自己的国家，就要拥护国家的基本制度，遵守国家的宪法法律，维护国家安全统一，捍卫国家的利益，为国家繁荣发展贡献出自己的力量。

知道了什么是爱国，那么我们该如何爱国呢？我觉得爱国就如同种树。首先，需要种子。爱国思想就是种子，要让爱国思想如种子般扎根在我们内心深处。国医大师李业甫先生自2004年至今，共捐助资金100余万元，帮助江苏省宿迁市130余位失学儿童重返课堂；2013年捐助26万元建设六安市金安区青松希望小学。这些孩子每年都会给李老写信并寄来成绩单。李老每封都收好，并一一回信。“我18岁才读小学，现在有条件了，想让这些孩子都能顺利读完小学，读到大学。”正是心中有着对中医的传承信念，爱着祖国灿烂的中医文化，爱国的种子扎根李老心底，他皓首不忘初心，将一生都奉献给祖国和社会。

种下了种子，如何让爱国的种子生根发芽呢？那就要实践！理想的伟大从来都不是纸上谈兵而来，它依托的是科学的实践。作为国家的一分子，作为祖国灿烂中医文化的传承人，我们要时刻铭记身上肩负的使命和责任，用爱国情怀指导自己、规范自己，多多参加实践活动，可以利用自己学习的中医知识服务百姓，可以到社区进行义诊，也可以向大众宣扬中药文化知识，还可以积极参加科考队、野外实训，等等。通过实践让爱国的种子茁壮成长、风雨不动，为国家强起来奠定最坚实的基石。

爱国思想是种子，实践让种子茁壮成长，最终我们将会收获果实。果实其实就是传承。古有“精忠报国，岳母刺字”的典故，今有“三十二年守岛人”王继才舍小家的“大家”情怀，爱国主义精神在历史的长河中从来都不曾离开，而是以其特有的姿态引领着我们共同成长。

作为中医药院校的学生，未来的我们会从事医药方面的工作，我们要把自己的理想、追求、抱负、志向和学习同国家的前途命运、现代化建设和医疗卫生事业的发展前景紧密联系起来；要树立强烈的主人翁责任感，要以振兴中医药事业、振兴祖国、腾飞世界为己任；要增强医德意识，逐渐形成关心病人、尊重病人、救死扶伤、防病治病、全心全意为人民身心健康服务的崇高医德品质，将中医药文化永远传承下去。

一代人有一代人的使命，弘扬中华国粹、传承中医文化，是我们的使命，让我们承担责任，将爱国志付以爱国行，一起谱写爱国新章！

（指导教师：江　英、李相南）

因为铭心 所以刻骨

刘叶莉 梁蕊蕊 刘 燕

我曾经有一个愿望，能拥有一方天地，即使不是人间仙境、别有洞天，也要山清水秀、鸟语花香。在那天地一隅，我可以建造一所房子，在屋旁种下梅兰竹菊，阳光灿烂，微风徐来，斑斓树影，摇曳生姿。房内陈列一室，书韵飘香。读书时，一杯沁人心脾的清茶陪伴在侧，乐哉；闲暇时，约三两好友，漫步庭院，笑赏美景，远离尘嚣，岁月静好，美哉。生在这太平盛世，我知道我所向往的一切不再是梦。然而，突如其来的新冠肺炎疫情打破了原本的宁静，撕碎了很多美好，但这阴霾之下，也让我们看到了那么多美丽的身影坚守岗位，用生命守护生命，让我明白究竟什么才是“大爱”。我不再渴望陶渊明的世外桃源，意识到之前的自己是怎样的天真可笑。中华民族伟大复兴的中国梦终将在一代代青年的接力奋斗中变为现实，我必须为祖国更好的明天添砖加瓦。

孙中山先生是我国民主革命的伟大先行者，我国资产阶级革命民主派的领袖和思想家。他的革命活动，跨越了我国民主革命的两个不同的历史时期。“振兴中华”是由孙中山先生最早提出来的，也是那个时代人们最迫切的愿望。他积极向西方寻求真理，把西方资产阶级革命时期的社会政治学说运用于中国，创立了三民主义学说作为指导中国进行资产阶级民主革命的政治理论纲领。他坚持用革命手段改造中国的政治路线，最后终于领导人民用武装斗争推翻了清王朝的统治，结束了两千多年的封建君主专制制度。习近平总书记曾经在讲话中给予孙中山先生极高的评价，认为他是伟大的民族英雄、伟大的爱国主义者、中国民主革命的伟大先驱，一生以革命为己任，立志救国救民，为中华民族作出了彪炳史册的贡献。作为当代大学生，我们要学习孙中山先生热爱祖国、献身祖国的崇高风范；要学习孙中山先生天下为公、心系民众的博大情怀；要学习孙中山先生追求真理、与时俱进的优秀品质；要学习孙中山先生坚韧不拔、百折不挠的奋斗精神。

在中国，钱学森不仅是一位科学家的名字，而且是对科学家这个词的诠释。他对中国火箭、导弹和航天事业的发展作出了不可磨灭的巨大贡献。1947年2月，刚满36岁的钱学森因在空气动力学、火箭飞行理论、数学等领域的优异成绩，成为麻省理工学院最年轻的终身教授。然而新中国的成立、祖国的召唤让他毫不犹豫地放弃了一切优越条件，一心想要回到祖国。1955年，钱学森克服重重阻力和困难回到祖国，他受命组建了中国第一个火箭、导弹研究所。随后，他主持完成了“喷气和火箭技术的建立”规划，参与了近程导弹、中近程导弹和中国第一颗人造地球卫星的研制，直接领导了用中近程导弹运载原子弹“两弹结合”试验，参与制定了中国第一个星际航空的发展规划……他把自己全部的热血和智慧，奉献给了祖国的火箭、导弹和航天事业。钱学森的好友庄逢甘说：“他经常鼓励我们说，外国人能干的，中国人都能干。”我们当代大学生正值青春年华，我们要向钱老学习，为国家，劈波斩浪，一往无前。

我们每个人都有一颗爱国的赤子之心，无论遇到什么困难，只要万众一心，众志成城，就一定会云开月明。这次新冠肺炎疫情更是让我看到了祖国的强大和民族的凝聚力。我们拥有这样强大的后盾，我们还有什么理由不为她毫无保留地奉献？所以，为了祖国的美好明天，为了不负先辈的期待，去拼搏吧，中国大学生！

（指导教师：周　娟、王　杰）

让中国的名字更响亮

刘雨虹

我们都有一个家，名字叫中国……汩汩的江河，是你奔腾的血液；蜿蜒的长城，是你有力的臂膀；裸露的山川，是你不屈的脊梁。我爱你源远流长的不朽历史，我爱你逶迤连绵的壮丽山河，也爱你广袤无垠的辽阔草原。你是威风凛凛的雄狮，你是展翅高飞的雄鹰，你是我深爱的祖国！

2019年是新中国成立70周年，回顾过往，七十年的峥嵘坎坷，见证了祖国七十年荣辱与辉煌；七十年的风雨沧桑，记录了我们七十年的奋进乐章；七十年的奋斗拼搏，塑造出了一个崭新的中国。如今，中国正以昂扬的姿态傲然屹立在世界的东方，中国的名字已在世界舞台上响彻天际！

1840年，为了打开中国的大门，英国发动了第一次鸦片战争，中国被迫割地赔款。1894年甲午中日战争爆发，中国战败，一时间在世界范围内掀起了瓜分中国的狂潮，八国联军火烧圆明园、日本侵占东三省……在这些惨绝人寰的战争与硝烟中，祖国遭受了一次又一次打击，但是面对侵略者的剥削，中国人民没有放弃，敌人的枪弹没有压垮我们，反而让无数中华儿女团结起来共同抵御外敌，我们将屈辱化成反击的利刃，狠狠刺向敌人的胸膛！

1949年10月1日，一个洪亮的声音在天安门广场响起，“中华人民共和国中央人民政府成立了!”顷刻间广场上人群沸腾，掌声雷动，经久不息，中国人民站起来了！中国的名字响了！为了这次响亮有许多青年人为之付出了生命的代价，他们赤胆忠心，抛头颅，洒热血，义无反顾地扑向死亡。22岁的黄继光为了完成任务，用自己的身体堵住了敌人的枪眼；15岁的刘胡兰视死如归，毅然决然地走向敌人的铡刀；25岁的邱少云为了不暴露目标，任凭火焰将他吞噬也纹丝不动……只解沙场为国死，何须马革裹尸还！正是因为对祖国的深切热爱，他们才秉持着万死不辞的精神，誓死维护国家利益，用身体挡住敌人的枪林弹雨，用鲜血染红我们的旗帜。没有他们，就没有新中国!

20世纪60年代，许多留学知识分子回到中国，积极投身于祖国的科学事业中，在他们的努力下我国第一颗原子弹爆炸成功。20世纪90年代，中国女子排球队在世界杯、世锦赛和奥运会上，连续五次夺得世界冠军，让全世界刮目相看。21世纪初，中国成功申办北京奥运会，并取得了51枚金牌的历史最好成绩，彰显了中国的强大国力，展现了中国青年在奥运场上的拼搏精神。纵观过去，每一个让中国响亮的时刻，都是一代代青年人拼搏的结果，是他们造就了“中国奇迹”，让中国在世界人民的惊呼中站了起来！中国的名字，响了！

梁启超先生曾说过：故今日之责任不在他人，而全在我少年。少年强，则国强！时至今日，中国已经站在“新的历史起点”上，作为新一代青年人，我们应积极响应时代的号召，肩负历史的使命，踊跃投身中华民族伟大复兴的事业中去，把个人理想与国家命运紧密相连，挑起振兴中华的重任，成为社会主义建设的中坚力量。

很多人说，如今的青年一代是“被抱大的一代”，殊不知，他们已经能够独当一面。在抗击新冠肺炎疫情的过程中，他们用实际行动展现出了中国新时代青年的无限风采。无数“90后”“00后”不畏艰险，不惧苦难，积极参与到疫情防控阻击战中，用血肉之躯筑成一道隔离病毒的高墙，用钢铁般的意志书写青春的篇章。年轻的95后护士告诉记者，“没有什么是我们做不了的！17年前的非典，是你保护了我们，今天换我们来守护你——我的祖国！”

从古至今，每个时代都会涌现出这样一批青年人，他们敢于担当、勇于作为、胸怀大志、奋勇拼搏，在各个行业、各个领域凝聚青春的力量，用勤奋浇灌理想，将青春奉献祖国。让我们为中华崛起而勤奋学习，为人民和祖国的伟大事业而努力奋斗，为创造祖国的光辉未来贡献青春力量！让“中国”的名字更响亮！

（指导教师：周　娟、俞　涛）

从阅兵中汲取力量

周紫艳　常鑫杰　邓兰妹

不知道大家有没有和我一样在70周年国庆那天守着直播观看阅兵仪式。我在空间看到好多同学都分享了自己“此生无悔入华夏，来生愿在种花家”的感悟，以及2019年很多新的表白祖国的话语，比如“我家阿中哥哥出道几千年，拥有14亿铁粉”“阿中哥哥勇敢飞，中华儿女永相随”。

今天我将和大家一起分享阅兵的起源、历史及阅兵带给我的感受。

我们把时间拨回到4000多年前，禹在涂山邀请各位诸侯会盟，他提前让手下手持各种羽毛装饰的兵器和着乐器载歌载舞。前来的各个氏族部落在歌舞中见到禹的军事实力。涂山会盟，在一片歌舞欢乐的景象中达到了威慑四方的目的。这也就是“阅兵”的雏形。春秋以后关于阅兵的记录越来越多。清朝，阅兵成为一种正规的训练制度，每三年一次大阅。中华人民共和国成立以来一共举行过15次阅兵。1949—1959年，每年都举行阅兵，共十一次。1960年国务院决定实行“五年一小庆，十年一大庆，每逢大庆举行阅兵”。

1949年开国大典时举行的阅兵，没有枪没有炮，武器装备大都是“万国牌”。何为万国牌呢？是因为武器装备大多都是从敌方缴获的，有美国制造，英国制造，日本制造等，故有了“万国牌”一称。直到1954年，万国牌才退出阅兵舞台。

当我在观看2019年国庆阅兵时，钢铁巨阵，威震苍穹，15个徒步方队、32个装备方队、12个空中梯队，参阅装备580台，40%的装备为首次亮相。从“今天是你的生日我的中国”的童声响起，到看到步履矫健的男子天团，英姿飒爽的中国女兵，欢歌笑语的大型彩车，以及头发花白的老兵颤颤巍巍地向着天安门敬礼。我不禁泪目，几代人筚路蓝缕，70载风雨兼程，我的祖国从积贫积弱的困境，一步步成为如今的世界第二大经济体。70年上下而求索，不忘初心，砥砺前行，以大国风度，引领风骚，不卑不亢，震撼世界的心！

还记得电影《我和我的祖国》第一幕《前夜》中，黄渤饰演的林治远在开国大典前彻夜不眠，进行电动升旗装置的反复调试，以保障万无一失。很多人不理解，他怒拍窗户吼道：“你以为升起来的仅仅是一块红布吗?”这不是一块普通的红布。“28年革命，2000万人牺牲，换来的国旗，我们能做的只有四个字——万无一失！”

在这次阅兵中最让我印象深刻的画面是老兵向着五星红旗敬礼，他们见证了中国从积贫积弱走向强大富强的过程，他们对这场阅兵一定有着不一样的情怀，他们一定更懂得眼前的锦绣山河多么来之不易。阅兵让每一个中华儿女都感受到“我是中国人”的骄傲和自豪。这次阅兵更是一场爱国主义教育的大课堂，不仅仅带给我们震撼，还带给我们感慨和思考；不仅仅让我们看到了如今越来越强大的祖国，也让我们明白这岁月静好的背后有无数人在负重前行。

中国正处在新时代，已开启全面建设社会主义现代化国家的新征程，青年一代的我们不能把“爱国”两个字作为口号，更要将其化为行动。作为一名护理学专业的大学生，在大学期间，我刻苦学习专业知识，努力提高自身学习能力和素质，积极参与实践活动，在锻炼中增长自己的才干，立志毕业后积极投身于祖国的医疗事业中。我是祖国的十四亿分之一，我要为祖国贡献我的全部力量。我们青年一代要乘风破浪，用奋斗点亮青春的底色，推动中华民族伟大复兴的航船乘风破浪扬帆远航。

（指导教师：刘维婷、朱 林）

爱国激励我成长

张佩文

孩提时代初见您于纸上，老师告诉我这两个字念“中国”，是我们生活的这片土地的名字。那时候不清楚您是一个怎样的存在，于是年幼的我，只能用最稚嫩的方式爱您，努力学习，争先加入中国少年先锋队，行队礼时小小的身体站得笔直，胸前的红领巾一定要系得最板正。

小学的时候，学校组织大家观看爱国电影，电影里一个个镜头慢慢在我脑海里勾勒出您的轮廓。慷慨就义的谭嗣同、虎门销烟的林则徐、用胸膛堵住吼叫机枪的黄继光、用自己的生命为部队扫清了前进障碍的董存瑞、飞夺泸定桥时一个个坚定的身影，让我理解您的伟岸和庄严。生活在新中国的我，感激着革命先烈们用鲜血换来的幸福与和平，于是积极做有意义的事情，更努力地去学习，希望有一天像革命烈士一样，让我热爱的国家因为有我而美好。

中学的我接触了更多的知识，开始在您轮廓里填上各样的颜色。1840年鸦片战争以后的萧条和衰落像一团黑色的密云裹住您，您的低吼挣扎唤醒了无数中国人的爱国之情。中国人民为反抗列强侵略，争取民族独立，进行着英勇的斗争，开始了救亡图存的探索。先辈们前赴后继地爆发出强烈的光芒夹杂着鲜红的血色，渴望穿透这片阴云。最终五星红旗终于闪耀在了这片土地上。了解文化，让我慢慢看清您的样子。优秀传统文化是中华文明的宝贵财富，它渗透在端午节的粽子里，中秋节的月饼里，清明节的缅怀里，除夕夜里团圆里，这份对文化的自信与信仰，无论形式如何变化，都足以让每一个无论身在何处的中华儿女念念不忘。曾在网络上看到外国人这样评论中国人："中国人家庭观念重、繁文缛节太多、是个人情至上的国家。"但正是在这样的文化里，我们懂得感恩、学会怀念。我们对礼义廉耻孝悌忠信有着更深刻的认识。了解社会新闻，让我看见了您的强大。当亲眼见证关键设备'外国芯'变成'中国芯'时，当各族儿女脱贫增收笑容绽放时，当无数人的命运被'一块屏'改变时，当雪域高原换新颜时，当在我们手中毛乌素沙漠几乎消失时，我感到我们的祖国太强大了，祖国发展太快了……越了解您，我越爱您。

大学我选择了中医专业，一个凝聚着中华上下五千年智慧、文化、经验的专业。

"健康所系，性命相托……"在庄严的医誓词中，我走进了神圣的医学殿堂。从入学的第一天，老师就谆谆地告诫我们：要想成为一名优秀的医生，第一步得先成为一名优秀的医学生。作为一名医学生，掌握专业知识和技术是我们的首要任务，也是成为一名优秀医学生的根本前提。在课堂上，我努力掌握各种疾病的诊断原则和治疗方法，课下则通过临床见习与实习，使自己进一步加深对专业知识的理解并将所学的知识运用在实践中，从而提高自己的专业水平。

2020年伊始，面对突如其来的新冠肺炎疫情，广大医务人员白衣为甲、逆行出征，舍生忘死，挽救生命。全国数百万名医务人员奋战在抗疫一线，给病毒肆虐的漫漫黑夜带来了光明，生死救援情景感天动地！54万名湖北省和武汉市医务人员同病毒短兵相接，率先打响了疫情防控遭遇战。346支国家医疗队、4万多名医务人员毅然奔赴前线，很多人在万家团圆的除夕之夜踏上征程。人民军队医务人员牢记我军宗旨，视疫情为命令，召之即来，来之能战，战之必胜。广大医务人员以对人民的赤诚和对生命的敬佑，争分夺秒，连续作战，承受着身体和心理的极限压力，很多人脸颊被口罩勒出血痕甚至溃烂，很多人双手因汗水长时间浸泡发白，有的同志甚至以身殉职。广大医务人员用血肉之躯筑起阻击病毒的钢铁长城，挽救了一个又一个垂危生命，诠释了医者仁心和大爱无疆。

在看到习近平总书记写给北京大学援鄂医疗队全体“90后”党员的回信后，我感触良多。疫情当前，正是有了无数像他们这样的“逆行者”，主动请缨，不畏艰难，不计个人得失，毅然决然地奔赴防疫一线，才有了今天抗“疫”之战的累累硕果。他们风华正茂，敢于担当起救死扶伤的重任，冲锋在前，舍生忘死，用行动彰显了青春的磅礴力量，诠释了白衣天使救死扶伤的崇高精神。作为一名医学生，我深知肩上的重担，唯有努力学习专业知识，强化自身科学素养，才能在将来祖国需要的时候挺身而出，贡献自己的一份力量。新时代青年要在追逐理想的同时，练就过硬本领，锤炼品德修为，勇挑社会重担，为祖国的发展不懈奋斗！

（指导教师：段　雷）

我爱你中国

檀　蕊

奔腾的黄河，是她的血脉；屹立的珠峰，是她的脊梁；蜿蜒的长城，是她的身躯。她就是我的祖国，她就是我深深爱着的祖国。我爱我的祖国，我爱它的一年四季：春天绿意盎然，它用水彩描绘了如梦似幻的江南景色；夏日莲碧接天，它用油彩刻画了浓妆素裹的西湖风情；秋天月印三潭，它用水粉描摹了佳节团圆的温馨月夜；冬日雪影横梅，它用国画描述出白雪皑皑的北国风光。

我爱我的祖国，我爱它的大好河山。它拥有960多万平方公里的广阔疆土，金碧辉煌的北京故宫，无与伦比的苏州园林，滔滔不绝的长江黄河，气势巍峨的五岳，风景如画的西湖，还有那世界八大奇迹秦始皇兵马俑以及绵延起伏的万里长城……

我爱我的祖国，我爱它的古老文明。指南针、火药、印刷术、造纸术四大发明永载史册；儒家、道家、法家、墨家、诸子百家争鸣。

我爱我的祖国，我爱它的勇于斗争。从辛亥革命奋起倒戈，推翻帝制建立民国，到十四年抗战打败日本帝国主义，再到三大战役锁定胜果，我的祖国，犹如凤凰涅槃般浴火重生！

黄河、长江、长城，铸就了亘古的山河。改革、开放、发展，点亮了世界的眼光。中国，一个拥有上下五千年悠久历史的热血国家；中国，一个浓缩千年沧桑的文明古国；它像一颗璀璨的东方明珠，向全世界展现出自己的恒久光芒！

在漫漫的历史长河中，70年不过是短暂一瞬，但对于中国、对于中国人民来说，新中国成立70年的历程，充满奇迹，充满辉煌。70年来，我国经济建设、政治建设、文化建设、社会建设，以及生态文明建设和党的建设等各个方面的事业，蓬勃发展，蒸蒸日上。在中国共产党的领导下，中国人民用短短70年时间，将一个积贫积弱、满目疮痍、百废待兴的落后国家，建设成一个团结统一、繁荣富强、生机勃勃的新兴大国，谱写了中华民族发展史和人类发展史上的光辉篇章。

我爱我的祖国，语言无法表述我对您的情怀，激情无法回报您的挚爱，诗歌无法书写对您的赞美。我要适应时代的需要，正确认识祖国的历史和现实，把爱国的情感和兴国的责任，融化在血液中，把爱国的志向和报国的实践，落实在行动上。

我爱我的祖国，是因为我们的信念是坚定的，我们的奋斗是坚实的，我们的誓言是坚决的。为了祖国的明天，我们将用毕生的精力、豪迈的激情，冲向胜利与理想的彼岸。

国家兴衰，匹夫有责。我们没有理由推卸历史的责任。回首昨天，我们的祖国在曲折中走过了光辉的历程；展望未来，我们的祖国正以让世人瞩目的姿态跻身于世界民族之林。而今天，我们每一个中华儿女要为中华崛起而拼搏，用实际行动助力中华民族的伟大复兴。

振兴中华，建设中国特色社会主义，是前无古人的拼搏奋斗。我们要把握今天，憧憬明天，发奋图强，报效祖国，用我们的热血谱写出前不负古人，后无愧千秋万代的历史新篇章。

（指导教师：杨才宽、王　丹）

五四青年的前世与今生

毕淑雯　孙明珍

1919年，中国在参加巴黎和会上所面对的屈辱，激怒了拥有一腔爱国热血的中国青年们。5月4日，北京的学生们纷纷罢课，示威游行、爱国演讲等一系列活动频频展开。他们不甘亡国、不畏强权，他们为民请命、力挽狂澜，以“中国的土地可以征服而不可以断送！中国的人民可以杀戮而不可以低头！国亡了！同胞们起来呀！”的声声呐喊唤醒沉睡麻木的国人，在中华大地上开启了一场彻底反帝反封建的伟大爱国革命运动，孕育和壮大了中国共产主义青年团组织。从此，在党的领导下，一代代中国青年成为中华民族救国、兴国、富国、强国征程上的先锋力量，中国青年运动翻开崭新历史篇章。

新民主主义革命时期，广大青年在中国共产党的领导下，踊跃投入反帝反封建斗争，许多青年在中国共产党革命精神和英勇气概的感召下，克服艰难困苦，演绎了“数万知识青年赴延安”的壮美画卷。他们誓言“国土不可断送、人民不可低头”，在生与死、苦与乐、得与失的考验面前，为国家、为民族、为人民血洒战场、献出年轻的生命，深刻诠释了“生的伟大，死的光荣”。

社会主义革命和建设时期，广大青年在党的领导下“把青春献给祖国”，投身新中国经济社会发展的建设大潮。中华人民共和国成立后，党领导广大青年全面建设新中国，为青年提供了“把青春献给祖国”、施展才华的宏阔空间。这一时期，广大青年紧密团结在中国共产党周围，发愤图强、乐于奉献，积极投身社会主义革命和建设，致力于改变新中国一穷二白的落后面貌，体现出鲜明的建设性特征。

广大青年积极参与抗美援朝、土地改革、恢复国民经济、实现民主改革等巩固新生人民政权的伟大斗争，踊跃投入青年突击队、“向荒山、荒地、荒滩进军”“争做青年社会主义建设积极分子”热潮中，深入开展青年节约队、青年监督岗、青年扫盲队等富有青年特色的工作，广泛参加“学习雷锋好榜样”“植树造林，绿化祖国”“向科学进军”等重要活动和工作，成为恢复和发展国民经济、促进各项社会改革的先锋力量。

新时代的中国青年是什么样的？自信达观、个性突出、敢于追梦……简单的词语无法描绘出多彩斑斓的青春光谱。他们是校园里风华正茂的求知少年，是手机屏幕里能言善道的带货主播，是穿梭在城市高楼与街巷人家的外卖小哥，是在田间地头“玩转”数字技术的新农人，是边境线上保家卫国的戍边战士……在人生的赛道上，每一个热爱生活的青年人都在用行动谱写自己的青春之歌。这些多彩的奋斗旋律汇聚起来，奏响了属于我们这个时代的青春强音。

“我们生在红旗下，长在春风里，目光所至皆为华夏。”这句网络流行语，亮出了中国青年的爱国底色与时代担当。脱贫攻坚战中，他们扎根山区、带头创业；疫情防控最前线，他们逆向而行、守护生命；飞天逐梦路上，他们勇攀高峰、探索不止；奥运会上，他们奋勇争先、热情洋溢、周到服务只为国争光……

2019年十一期间，“原来我们的强迫症是被祖国宠出来的”这句话高频率出现，它是网友们对阅兵典礼期间受阅部队犹如“复制粘贴”一般整齐划一的评价，是对祖国自豪感的抒发。受阅部队大多是由青年人群组成，他们为此次盛典训练了三个多月。在训练期间，他们的鞋子被磨平了后跟、磨穿了脚尖、磨透了鞋掌……据阅兵训练场联勤保障兵站综合服务中心的工作人员说，受阅官兵在训练过程中瘦20多斤是普遍现象，有人十天半月就磨透了鞋掌，修鞋师傅们提前准备了上万双鞋掌，但不到训练结束就已被用光。他们的刻苦训练为我们呈现出一场震撼人心的阅兵仪式，他们每一个人的付出都是在呈现祖国国富兵强的实力，他们每一个人都是中国青年的名片，彰显华夏民族的坚韧不屈。

“17年前你们保护我们，现在就让已经长大的我们守护你们的平安健康”，这是疫情期间“00后”的担当。2020年突如其来的新冠肺炎疫情为世界蒙上一层黑暗，但光明永远存于心中，践于行动。疫情期间，一部分大学生投身于志愿活动，积极投入社区工作，奉献社会；一部分大学生“宅”在家里为祖国作贡献。“00后”常被称为“千禧宝宝”，但作“为00后”的我们，并没有忘记自己也是中国青年的一分子，我们同样肩负着属于自己的责任，同样应该以积极向上的精神面貌去应对更多挑战。

五四青年代表的不仅仅是1919年经历那段历史的青年，更是一种民族精神的延续，是爱国、进步、民主、科学精神在21世纪的再发展。一百年前，中国的热血青年们作为一支新的社会力量登上了历史的舞台。一百年后，以爱国主义、振兴中华为核心的五四精神激励着广大中国青年为实现中华民族的伟大复兴而奋斗终生。

（指导教师：林家虎、沈　晨）

传承中国精神

刘　佳

“人无精神则不立，国无精神则不强。”中国精神是构筑人民精神家园的重要支柱，是激励我们一代又一代人艰苦奋斗、勇往直前的不竭精神动力。新时代青年要勇做时代的弄潮儿，心存高远，脚踏实地，要以深厚的家国情怀、自强不息的信念、默默无闻的奉献、改革创新的勇气肩负起自己的使命，承担起历史赋予我们的责任，让中国精神在华夏大地上绽放出绚烂的光彩。

热爱伟大的祖国

泱泱华夏五千年文明在发展中早已将“爱国”基因流入中华文化的血脉，爱国主义永不过时，永远年轻。“青山有幸埋忠骨，白铁无辜铸佞臣”是爱国的气节；“人生自古谁无死，留取丹心照汗青”是爱国的勇气；“天下兴亡，匹夫有责”是爱国的责任……家国情怀是中国精神的具体内涵，也是中华民族优秀文化的基本旋律，是充满家国情怀的人撑起了民族的脊梁。

历史的接力棒现在交给了我们，新时代的青年要传承中国精神，挺起我们的傲骨，永葆爱国之心，践行爱国之志，将个人的前途命运与国家的伟大复兴紧密联系起来，心怀大我，忠诚报国。一滴水只有汇入大海，才能永不消逝，个人的理想只有融入国家的梦想，才能更有价值。新时代青年定要百炼成钢，脚踏实地，扎根人民，奉献国家，用艰苦奋斗描绘祖国的宏伟蓝图，书写民族振兴的壮丽诗篇。

培养自强不息、坚忍不拔的品质

“天行健，君子以自强不息”是中国的至理名言，这是中华民族拼搏向前、奋发向上的气节。五千年璀璨的中华文明生生不息，源远流长，几经苦难与挫折，仍傲立于世，这无不与中国人骨子里百折不挠的坚韧品质有关。“宝剑锋从磨砺出，梅花香自苦寒来”,不管面对多么强大的敌人，中国人民都会以自强不息的气节与坚不可摧的品质勇敢去面对，不低头，不屈服，不退缩。

生逢伟大的新时代是我们的幸运，同时我们也要以奋斗的姿态来回报我们的时代。在和平的新时代，我们新时代青年使命在肩，为中华民族谋复兴是我们不变的坚守，亦是我们努力的方向。吾辈青年必须保持拼搏奋斗的姿态，不忘初心，自强不息，刚毅不拔，走好我们这一代的长征路。只有这样，我们才不会像无舵之舟漂泊不定，路遇荆棘丛生，我们也能无所畏惧，披荆斩棘，坚守梦想。

养成无私奉献的行为

不可撼动的中国精神在大国脊梁的无私奉献里，无论时空如何变化，那些推动人类文明向前的因素不会褪色，奉献精神体现的那种本质纯粹的善意是人类社会永恒的需求，奉献是人类心里开出的最为纯洁绚烂的花。无私奉献是中华民族传统美德中极其重要的品质，奉献精神早已熔铸为中华民族的基因，流淌在每一位中华儿女的血液之中，不朽不灭。我们今天所拥有的一切，都是无数默默无闻的奉献者用汗水和血泪浇灌出来的。

浩瀚心海，大爱无疆，奉献没有休止符，对广大新时代青年而言，要用理想支撑奉献，只有坚定信仰，才会无悔付出；要用奋斗诠释奉献，只有不懈拼搏，才会贡献更多；要用淡泊诠释奉献，只有坚持简朴，才不为名利所累。新时代青年要甘于奉献，以最好的姿态回报社会，温暖他人，无怨无悔，无私无畏，不断实现自身价值，让人生的底色更加亮丽多彩。

树立改革创新的意识

改革创新推动人类社会发展进步，改革创新是中国精神的重要内容，中华民族向来饱含变革创新精神。千百年来，中国实行了无数次变法变革图强的实践运动。当今国际局势复杂多变，改革创新是时代发展的趋势。任何国家，任何民族，如果一味因循守旧，故步自封，无视时代发展规律和历史潮流，就必然会落后于时代。“惟改革者进，惟创新者强，惟改革创新者胜”。中华民族坚持与时俱进，坚持创新发展，坚持以改革开放的姿态走向世界，实现自己的发展。

在实现中国梦的征程中，我们要继续弘扬改革创新精神，推动科学技术发展，建设创新型国家。新时代青年要严格要求自己，发奋学习，勇做创新先锋。任务越是艰巨，挑战越是严峻，新时代青年越要保持昂扬向上的朝气，始终与祖国同呼吸，共奋进，认真钻研，坚持创新不松懈，不断战胜前进路上的种种阻碍。

中国精神历久弥新，催人奋进，中国精神能够凝聚亿万人民群众的力量，彰显我们的文化自信。海风已经掀开了厚重的面纱，时代继往开来，新时代青年要不负先辈嘱托，不负光荣与梦想，不负韶华，坚守初心，牢记使命，赓续传承中国精神，乘着中国精神的航船破浪前进，在新时代的号角中拼搏向前，在歌声与汗水中砥砺奋斗，为实现强国梦贡献自己的力量。

（指导教师：陈书华、汪芳萍）

筑梦路上

马彩妍

有这样的一个故事，一位叫薛瓦勒的乡村邮差，他每天徒步奔走在乡村之间，每天都走过崎岖的山路，而且每次走过都要拾上一些光滑的石头，心里默念着要用这美丽的石头建造一座属于自己的城堡。他坚持不懈，日复一日，年复一年，乡村里的人都觉得这是不可能的事。但最后，矗立在众人眼前的城堡见证了这样一个不可思议的梦的实现。没错，当一块石头有了愿望，谁也阻挡不了它通向城堡的脚步。人跟石头一样，只要有了愿望，就有了通往城堡的动力，有了坚持不懈的信念。

心中有梦想，人生才有动力，民族才有希望。每个人都有自己的梦想，每个民族也有自己的梦想。实现中华民族伟大复兴，就是中华民族自近代以来最伟大的梦想。民族之梦，凝聚了数代中国人的夙愿，是每一个中华儿女的共同期盼。只有全中华儿女凝心聚力、团结奋进，做坚定的追梦人，坚实的筑梦人，坚毅的圆梦人，才能最终梦想成真。

做坚定的追梦人。梦想总是在远方，在我们每个人心中散发着耀眼的光芒，引领着我们前进和拼搏。“古之立大事者，不惟有超世之才，亦必有坚忍不拔之志。”梦想是漫漫人生路，是民族复兴路上的明灯，在偶然的风雨飘摇中，难免遇到艰难险阻，明灯可能会忽闪忽灭、影影绰绰，唯有心中坚定的信念会指引着、催促着、激励着我们昂然向前。只要心中的信念不灭，心中的希望不灭，那么我们追梦的脚步就不会有丝毫的迟疑和停留。

做坚实的筑梦人。梦想不落实只能是空想。人生梦没有个人的不断努力和坚韧付出，民族梦如果没有全族同胞的步调一致、齐心协力、流血流汗、甩开膀子的真干实干，都只会停留在梦中，成为空想，甚至幻想。实现人生梦、民族梦，关键在于落实。而实现中华民族伟大复兴的民族梦要落实于真抓实干，落实于创业致富、共建和谐、落实于新农村建设、环境污染治理，落实于市场繁荣、社会改革，落实于肃清党风政风、坚持公平正义……最终落实在我们每一个人身上，要靠每一个人用实际行动去筑梦、去落实。

做坚毅的圆梦人。“骐骥一跃，不能十步；驽马十驾，功在不舍；锲而舍之，朽木不折；锲而不舍，金石可镂。”月圆星稀，梦圆花开。圆人生之梦，需要一生的无悔付出和坚持不懈地努力，并非一朝一夕的事情。民族复兴的梦是我们共同的梦想，需要千万人生之梦汇聚成万马奔腾圆梦大潮的促进和推动，更需要几代人乃至数十代坚持不懈地共同努力。就算看不到最终的梦圆之日，我们依然要有“千磨万击还坚劲”的笃行毅力。正因为民族梦的铸就不可能一蹴而就，我们更要坚定内心的火种，更要有造福子孙后代、千秋万代的长远眼光和决心。把圆梦的接力棒紧紧抓牢，一代代传承下去，方能让圆梦的火种生生不息。

追梦，是美好的人生旅程，是长期的民族征程；筑梦，是艰辛的民族伟业；圆梦，需要所有人的不懈努力，需要全民族的薪火相传。追梦在路上，筑梦在行动中，圆梦终究会在千万华夏同胞，无数代中华儿女风雨兼程、同心同德地不懈努力、坚守不渝、奋力拼搏之后。

（指导教师：黄金满、徐　慧）

传承祖国医学 弘扬爱国主义精神

张子怡

中医药文化是中华民族优秀传统文化的重要组成部分，是中医药学发生发展过程中形成的精神财富和物质形态，是中华民族几千年来认识生命、维护健康、防治疾病的思想和方法体系，是中医药服务的内在精神和思想基础。充分认识和弘扬中医药传统文化，不仅有利于巩固中医院以中医为主的发展方向、更好地保持发挥中医药特色优势、满足广大人民群众对中医药服务的需求，还有利于提高医院核心竞争力，构建和谐的医患关系，促进和谐社会建设。

中医药学植根于传统民族文化的土壤，其天人相应的自然观，辩证的思维方式，以及从时间、空间的整体系统把握疾病的方法，都与中国传统一脉相承。在发展的过程中，中医药不断汲取当时的哲学、文学、数学、历史、地理、天文、军事等多种学科知识的营养，同时又溶入中华民族优秀传统文化的血脉之中，为自身发展奠定了良好的基础。如受《周易》"变易"和象数易学的影响，《黄帝内经》建立了动态观和脏象学说。在先秦诸子争论的影响下，中医药形成了以气为本的人体观。中医学不仅吸纳了阴阳五行学说，而且将其融入医学后不断发展引申。不同时代的学术精华，如先秦诸子、汉代经学、魏晋玄学、隋唐佛道、宋明理学、清代朴学等，都曾为中医学理论体系提供过资源和动力。《黄帝内经》不仅要求医生应“上极天文，下穷地极”，具有天文、气象、历法、地理、物候、生物学等知识外，还要能“入国问俗，上堂问礼”，具有民俗方面的文化知识。有人说，“文是基础，医是楼”，意思就是说，医学与文学还有着直接联系。

古代医学著作曾用问答体、随笔、案例等体裁写作，还曾用诗词歌赋的形式传医授学。古代很多文学家、名士也曾用药名填写诗词或编写故事乃至剧本。中医药还和中国的多种文化休戚相关，在烹调的启示下发展了汤液，又与饮食文化结合发展起药膳。医学很早就把酒和茶用于治疗，还推进酒文化和茶文化的发展。中医学的炼丹术堪称化学之源。《黄帝内经》已经把音律作为诊断五脏疾病的依据，其后的养生家们则以乐曲作为养生治病之法。古代医学家们还曾援用兵法入医，探求治病之理。医学又与武术、气功在理论上不分轩轾，都在用脏象经络指导辨证论治和习武练功。更为可贵的是，中医药文化的医德内容是中国传统文化的灵魂，并且在中国文化思想史上占有重要地位。

弘扬中医药文化不仅是中医药自身发展的需要，更是传承祖国传统文化，复兴中华民族的需要。文化的发展不是自发的，它需要人为地自觉地去推动。对于我们中华民族独有的中医药文化来说，更是需要我们付出更多的心血。弘扬中医药文化,应该对中医药学遗产寻本求源，进一步发掘它的文化底蕴和内涵；弘扬中医药文化，更应该在此基础上下大气力向博大精深的更高层次发展，将中医药文化的光辉向各个领域、各个学科、各行各业辐射，继往开来，走向世界。

弘扬中医药文化的最终目的是促进人类健康事业的发展。那么现阶段我们应如何进一步弘扬中医药文化并通过弘扬中医药文化来促进健康事业呢？

一是要做到精准挖掘。中医药文化根植于深厚的中华优秀传统文化沃土，汲取了中华优秀传统文化的精华，植入了中华优秀传统文化基因。中医药文化中的“天人合一”“道法自然”的哲学思想，“医乃仁术”“大医精诚”的伦理观念，“三因制宜”“辩证论治”“调和致中”的思维方式与中华优秀传统文化的“讲仁爱、重民本、守诚信、崇正义、尚和合、求大同”等思想观念一脉相承、同源同构。中医药学的哲学体系、思维模式、价值观念影响了历代中国人的生活智慧与身心修养，早已融入中国人的生产生活。弘扬中医药文化，就要深入挖掘中医药精华精髓，深刻阐释中医药文化与中华优秀传统文化的内在联系，唤醒深藏在中华民族每个人内心深处的传统文化基因，进而树立中华民族的文化自觉和文化自信。

二是要做到科学创新。虽然中医药文化是中华民族几千年的智慧结晶，是打开中华文明宝库的“钥匙”，但由于中医药文化发源于漫长的农耕文明时期，其中优秀内容和落后成分、精华部分与糟粕因素是因时因地因条件而存在着，甚至互相渗透互相交融在一起的。对此，我们要按照马克思主义立场、观点和方法，主动摒弃门户之见，积极吸纳人类一切文明成果为中医药发展所用。要对传统中医药文化内涵进行时代化、大众化、创新性的阐释，以时代精神激活中医药优秀传统文化的生命力，为中医药振兴发展、健康中国建设注入源源不断的文化动力。

三是要明确实现路径。推动中医药文化的繁荣发展，要积极开拓思路，采取不同途径，将中医药文化的研究和传播与中医药物质文化建设、中医药文化产业发展有机结合起来。建设中医药文化传播平台，运用群众易于接受的现代表达方式，创作一批面向不同受众的中医药题材文艺作品以推动中医药融入生产生活。运用群众喜闻乐见的传播手段和具有广泛参与度的实践路径，普及中医药健康养生知识、方法，帮助群众经常接触到规范的中医药养生保健知识。推动中医药文化贯穿国民教育始终，大力推动中医药文化教育和中医药文化进校园，帮助学生养成良好的健康意识和生活习惯。加强中医药科普专家队伍建设，推动中医医疗机构开展健康讲座等科普活动。开展各级中医药博物馆能力建设，强化各级各类中医药博物馆收藏研究、社会教育、展览策划和文化服务功能。加强数字化建设，组织内容丰富的中医药专题展览，建设中医药文化教育虚拟仿真实验室；鼓励引导社会力量通过各种方式发展中医药文化产业。实施中医药文化精品行动，引导创作一批质量高、社会影响力大的中医药文化精品和创意产品。

（指导教师：周　娟、王菡文）

时代华章篇

中国梦——大家的梦

苏　蝶

以前读李白的《行路难》，只体会到诗人豪迈壮阔的伟大志向和不与世俗同流合污的乐观豁达。如今再读这首诗，体会大有不同。毋庸置疑，没有“长风破浪”的梦想，又何来“直挂云帆”的收获！梦想，是一个人心的方向。有梦想就有希望。在世界历史上，无论是苦难、屠杀，还是战争、强权都不能剥夺人类特有的这一“权利”。对于每一个人，梦就是一种希望，就是一种向往，一种理想，一种对未来的期冀；对于一个民族，它则是集体的记忆，凝聚的共识，奋斗的目标，行进的方向，也是为着实现梦想而生发出来的全民族的热情、动力、牺牲和担当。今天，中国梦更是成了新时代的流行语。国家富强、民族振兴、人民幸福是中国的梦，人民的梦，大家的梦。它承载了一个国家对未来的信心，饱含着每一个人对生活的美好憧憬。

从小学、初中到高中，甚至到了大学，历史课必不可少，我觉得学习历史不仅让中华儿女勿忘国耻，砥砺前行，更是为了让后起少年永怀爱国之心，先辈教给我们更多的不是怎么做，而是为什么做，不仅是为了少年梦，更是为了中国梦。

鸦片战争开始后，中国就从一个独立自主的国家变成一个半殖民地半封建的国家，从此开始了一段耻辱的历史，但是自强的中国人丝毫没有因为这件事情就停止了强国的梦想，更没有表现出一点点的懦弱，相反地，强大的中国人前仆后继地开展了一系列的反帝反封建的斗争，从虎门销烟到辛亥革命，强大的炎黄子孙一点一滴地谱写着属于我们自己的强国梦。在课本里，我读到了“先天下之忧而忧，后天下之乐而乐”的忧国情怀，也读到了“人生自古谁无死，留取丹心照汗青”的爱国情怀，向往于“天下兴亡，匹夫有责”的壮志豪言，也相信“数风流人物，还看今朝”的期许。

新中国成立70年来，特别是改革开放40多年来，中国共产党领导中国人民成功开辟出中国特色社会主义道路，中国发展取得了历史性进步，经济总量已经跃升到世界第二位，综合国力显著增强，人民生活明显改善。今天，中华人民共和国正以昂扬的姿态屹立在世界东方，中华民族伟大复兴正日益展现出光明前景。

因为有梦想，中国的医疗技术不断进步，中国的教育事业欣欣向荣，中国的体育事业蒸蒸日上……小时候，我总梦想着长大能当一名科学家，为国家排忧解难，现在我想成为食品安全方面的尖端人才，我想通过不断地研究，研发出更健康的食品，让大家吃得放心。每个中国人都有自己的梦，这个梦可以很小，也许是衣食无忧，也许是爱情甜蜜，也许是工作开心……这个梦也可以很大，也许是热血报国，也许是发明创造，也许是改变世界……

也许你是一名普通的清洁工，那你可以美化城市；也许你是一名教师，那你可以用辛勤的汗水赢得桃李满天下；也许你是一名护士，那你可以用有力的双手搀扶患者走过心灵的沼泽，帮助他们早日康复……让我们把心中的梦想转化为实际行动，为早日实现中国梦贡献自己的力量。

（指导教师：王居华、孟　南）

中国梦指引我们前行

牛　宇　田兴文

中国梦是习近平总书记所提出的重要指导思想和重要执政理念，是我们前进路上的指向标，引领着我们实现中华民族的伟大复兴。

1840年的鸦片战争是中华民族的噩梦，使中国从封建社会逐步沦为半殖民地半封建社会。从那以后，中国的进步官吏、知识分子，以及广大爱国的有识之士开始远观世界，走上了救亡图存的奋斗道路。中华民族追求梦想的道路艰难曲折。为了实现民族复兴，亿万人魂牵梦萦，几代人上下求索，奋勇不屈的中国人民在黑暗中艰难前行，直到以马克思主义为指导、勇担民族复兴大任的无产阶级政党——中国共产党登上历史舞台，中华民族才终于迎来凤凰涅槃、浴火重生的曙光。

1921年夏，在上海召开的中国共产党第一次全国代表大会因遭到法租界巡捕袭扰，辗转到嘉兴南湖的一条小船上继续进行。就这样，一个伟大的政党——中国共产党在逆境中诞生了。她自诞生之日起，就引领中国人民在华夏大地上掀起了一场彻底的反帝反封建的革命运动。

在这场伟大的革命中，中国共产党经历了一次又一次的“血与火”的磨炼。从国民革命的失败到井冈山重新点燃的希望之火；从第五次反“围剿”败北到万里长征后的奋起；从反击国民党的全面内战到中华人民共和国成立……一路上，中国共产党披荆斩棘，迎难而上，砥砺前行。

从1840年起，中华民族整整走过了109年，才建立了新中国，赢得了民族独立、人民解放。无论在农村还是城市，人们都可以通过自己的劳动改变自己的生活，每个人都可以拥有自己的梦想。2003年10月15日，航天员杨利伟首次登上外太空并成功返航，自此我国成为第三个可以独立开展航天载人活动的国家，实现了“飞天梦”。2015年10月，中国科学家屠呦呦获得诺贝尔生理学或医学奖，振奋了中国人的信心和志气。2017年，我国首艘国产航母“山东舰”在大连正式下水，圆了百年航母梦。中国梦凝聚了中国人民对中华民族伟大复兴的憧憬和期待，是整个中华民族不断追求的梦想，是亿万人民世代相传的夙愿。中国梦是国家的、民族的，也是每一个中国人的。每个中国人都是中国梦的参与者、创造者。中国梦旨在凝聚每个人的力量和每一份梦想，只要我们敢于畅想，并且脚踏实地，在奋斗中积极创造，中国梦离我们就不再遥远。

“杂交水稻之父”袁隆平先生，他的一生都在追梦，追逐“禾下乘凉梦”和“杂交水稻覆盖全球梦”。他始终如一地为他的梦想而奋斗，数年如一日的沉淀，让他在水稻研究上取得了卓越的成就。他用他的梦想成就了自己，也使我们的国家更有底气。

“抗疫”先锋钟南山院士，他追求的梦想是要在这个世界上留点东西，不白活。这个梦想听起来蛮简单的，但是实现起来却是曲折与艰难的。“非典”、新冠肺炎疫情来临之时，他不顾危险，勇于冲锋在疫情最前线，他将他的满腔热情挥洒在国家与人民最需要的地方，他不仅在完成着他的梦，更是在为造福人类作贡献。

国家强大，青年的梦才会有动力；青年强大，国家才能繁荣富强。一个国家的发展与兴盛，需要我们青年人心中有梦并不断追梦。作为新时代的新青年，我们要刻苦学习、勇于实践，求真务实、艰苦奋斗，敢于吃苦、勇挑重担，与时俱进、开拓创新。作为中医学专业的学生，在这次新冠肺炎疫情中，我深深地感受到了中医药发挥的重要作用，所以我要更努力地提高自己的中医素养，不仅要治病救人，还要将传承中医文化作为自己的责任，推动中医药在历史的长河中发扬光大。

“星星之火，可以燎原”。作为青年一代，我们要将个人的梦想汇聚、融入中国梦、民族梦之中，为国家的伟大复兴贡献力量，以我们的个人梦托起中国梦。

让我们发扬伟大的民族精神，发扬中华民族的中医药文化，不忘初心，砥砺前行，为实现伟大的中国梦而发奋学习，努力奋斗！

（指导教师：李新军、于　璐）

在坚持改革开放中爱国

丁中妹

中华人民共和国成立之后，人民的生活水平迅速提高，国家的综合国力日益提升，中国已成为世界舞台上一颗耀眼的新星。而这些成就的背后，是一辈又一辈的中国人用汗水、行动乃至生命践行着爱国主义。

20世纪末，国际国内形势严峻，世界经济失衡，中国面临着巨大的挑战，改变刻不容缓。在这样的背景下，1978年12月18日，党的十一届三中全会召开了，开启了改革开放和社会主义现代化的伟大征程。

有“中国农村改革第一村”之称的安徽凤阳县小岗村，在1978年前，有着“三靠村”之称，农民负担重，三顿吃稀汤。在党的十一届三中全会召开的那个冬天，凤阳县的十八位农民签下了富有悲壮意味的“秘密协议”，在全国率先推行“大包干”，掀开了中国农村改革的序幕。小岗村的这一创举成为星星之火，点燃了当时农村改革的燎原之势，推动了全党全国形成农村改革的历史性共识，以小岗村为代表的一大批农村逐步走上小康之路。

改革开放有利于我国经济发展、国际地位提高，为中国现代化建设提供了强有力的保障。党的十一届三中全会以来，无数事实证明改革开放是富民之路、是强国之路、是成功之路，是党中央治国理政战略思想的重要内容。不断深化改革、推动持续发展成为中华民族实现伟大复兴梦的必由之路。习近平总书记在庆祝改革开放40周年大会上指出："改革开放是中国人民和中华民族发展史上一次伟大革命，正是这个伟大革命推动了中国特色社会主义事业的伟大飞跃！"

由此可见，改革开放对于整个中华民族的意义不言而喻。中国改革开放40多年的成绩给我们提供了弥足珍贵的经验，彰显了解放思想、实事求是、与时俱进、开拓创新的精神，是中国共产党人凝聚智慧的体现。先试先行，蹄疾步稳，将理论先导与实践结合，始得今日之伟绩。

改革开放的精神与内涵也指引着一代又一代青年追梦逐梦。对内改革，启示青年学生要敢于突破、勇于创新，要在实事求是的基础上，刻苦钻研，反复探索，推陈出新，打破常规，在学好专业知识的同时，不断创新创造出与时俱进、符合时代发展的新观点、新理论，不断创新学科知识，引领学科前沿。对外开放，启示青年学生要海纳百川，兼容并蓄，懂得欣赏、接纳、学习他人的优点，肯定、正视、改正自身的不足，乐于与他人交流、探讨，在自我思考的基础上接受他人正确的思想理念，从而持续提升自我。例如，作为一个中医专业学生，我们不能将思想眼界仅限于中医知识上，也要吸收借鉴、融合学习西医知识，通过中西医结合的方法救治患者，提升专业技能。

作为这一代的筑梦人，我们当以开阔的眼界，博大的胸怀，包容的心态，实事求是的精神，怀着对祖国的满腔热爱和振兴民族的责任感，树立远大理想，敢于突破，不断进取，努力学习科学文化知识，铭记少年强则国强！

（指导教师：李新军、于　璐）

回忆阅兵大典 共抒爱国情怀

江 可 李佳诺

岁月的齿轮缓缓转动，历史的车轮滚滚向前，碾过无数的艰难困苦，中国取得了令世界瞩目的成就。15次阅兵，向世界展示了中国军事力量的建设性成果，让世界看到中国这一亚洲雄狮的崛起，向所有中国民众提交了一份满意的答卷，让国民对祖国日新月异的发展感到自豪。

忆往昔

1949年10月1日下午3点，毛泽东主席站在天安门城楼上庄严宣告："中华人民共和国中央人民政府今天成立了！"当天是新中国成立后的第一次阅兵，中国人民解放军陆军方阵迈着威武雄壮的步伐通过天安门广场，与此同时，人民解放军空军战斗机、轰炸机略过上空。这次阅兵展现了中华民族在历经百年沧桑后仍能以一种精神饱满的姿态面临即将到来的振奋人心的新生。

1984年10月1日举行的阅兵是新中国成立后第十二次国庆阅兵。女兵方队、武装警察部队第一次受阅，同时也是国产战略导弹的首次亮相，豪气冲霄汉，风采映长虹，英姿飒爽，风采无限。而与1984年相比，1999年的阅兵国防科技含量显著增加，新装备占90%以上，绝大部分都是自行设计和生产的，这次阅兵被人们称为“世纪大阅兵”。2015年9月3日是中国第一次在10月1日以外的日子举行阅兵式，这次阅兵是为了纪念中国人民抗日战争暨世界反法西斯战争胜利70周年，这也是身为“00后”的我们印象最为深刻的一次阅兵之一。礼炮轰然响起，在《义勇军进行曲》的伴随中，一队队英姿勃勃的士兵迈着整齐的步伐走过天安门广场，一道道五彩缤纷的烟雾带给上空增添了无限光彩，一只只象征和平的白鸽带着人们美好的心愿翱翔蓝天。

看今朝

2019年10月1日举行的国庆阅兵总规模约1.5万人，是近几次阅兵中规模最大的一次。这次阅兵编59个方（梯）队和联合军乐团，各型飞机160余架、装备580台（套）。上午10点仪式正式开始，56门礼炮，寓意56个中华民族；交替鸣放70响，庆祝中华人民共和国成立70周年；每组28门礼炮同时鸣放为一响，寓意着从1921年到1949年在中国共产党的领导下伟大的祖国28年来经历的风风雨雨。身为国之栋梁的士兵们，或是刚劲挺拔地站在那，或是迈着铿锵有力的步伐。无论是哪一种姿态，都将大国的气势与自信展露无遗。

中国已不再是那个积贫积弱的国家了，革命先烈们用炽热的鲜血、坚忍的意志、赤诚的爱国之心创造了一个和平稳定、繁荣富强的中国。我们从昨日的伤痛中走出，迎来的是属于我们自己的春天。

叹祖国

阅兵不仅是一种仪式，更是民族精神的传承。正如习近平总书记所指出的："在中国人民抗日战争的壮阔进程中，形成了伟大的抗战精神，中国人民向世界展示了天下兴亡、匹夫有责的爱国情怀；是视死如归、宁死不屈的民族气节；是不畏强暴、血战到底的英雄气概；是百折不挠、坚忍不拔的必胜信念。"

国庆阅兵，建自豪；春节抗疫，建自信。新冠肺炎疫情暴发后，国家的每一个强有力举措，都令每一位中华儿女为身为中国人而骄傲。2019年12月1日武汉金银潭医院收治首例疑似病例，12月30日国家卫健委专家组抵达武汉，2020年1月20日确定存在人传人现象，三天后武汉"封城"，2020年1月25日到2月2日，9天建立起一座设计科学、设施完善的"火神山"医院。同时，各地交通收紧，敲响警钟，从城市到乡村采取果断措施全面隔离封锁，全员配合自行居家隔离，把生活物资纳入应急物资管理，使人民的生活得到保障，"一省包一市"全力支援湖北。这些强有力举措的背后是中国的强大，是人民的团结，是伟大民族精神的支撑！

"此生无悔入华夏，来世还做中国人！"成了脍炙人口的网络热句，中华人民共和国居民身份证成了骄傲的资本，中国成了新冠肺炎疫情暴发后最安全的国家，中国人成了最自豪的身份！愿山河无恙，国泰民安。

（指导教师：李忠萍、成伟业）

我是中国人

胡梦情　官洪琪　冯灿玲

2019年10月1日上午，庆祝中华人民共和国成立70周年大会在北京天安门广场隆重举行，20余万军民以盛大的阅兵仪式欢庆中华人民共和国70华诞，中共中央总书记、国家主席、中央军委主席习近平等党和国家领导人出席了此次阅兵仪式，中共中央政治局常委、国务院总理李克强主持庆祝大会。上午9时57分，伴随着欢快的进行曲，习近平等党和国家领导人来到天安门城楼主席台，向广场观礼台上的各界代表挥手致意，现场响起一片热烈的掌声。接着，摆放在天安门广场上的大型电子屏幕上出现了钟摆图案——从“1949”开始一直到“2019”，钟摆上依次显现出中华人民共和国走过的年份。

上午10时整，中共中央政治局常委、国务院总理李克强庄严宣布：“庆祝中华人民共和国成立70周年大会现在开始!”党和国家领导人以及现场观众全体起立，在70响礼炮响彻云霄后，国旗护卫队的官兵护卫着五星红旗，迈着铿锵有力的步伐，从人民英雄纪念碑行进至广场北侧的升旗区。

接下来，是神圣而庄严的升旗仪式。伴随着中国人民解放军联合军乐团演奏的《义勇军进行曲》，全场人员同声高唱中华人民共和国国歌。鲜艳夺目的五星红旗，在全场人员的注视下，冉冉升起，在天安门广场上空迎风飘扬。

10时15分，阅兵式开始，标兵就位，军乐团吹响阅兵式号角。阅兵式开始后，习近平乘坐红旗检阅车，经过金水桥，驶向长安街。驶离金水桥后，阅兵总指挥、中部战区司令员乙晓光乘车来到习近平乘坐的检阅车前，报告受阅部队

列队完毕，习近平随即下达检阅开始的命令。此时，由人民解放军、武警部队和民兵预备役部队组成的近15000名受阅官兵早已整齐列阵、英姿勃发，580台受阅装备也在明媚的阳光下熠熠生辉。在雄壮的军乐声中，习近平乘车沿着宽阔的长安街，首先向排在受阅部队最前方的中国共产党党旗、中华人民共和国国旗、中国人民解放军军旗行注目礼。接着，习近平总书记依次检阅了15个徒步方队、32个装备方队。“同志们好!”“同志们辛苦了!”习近平总书记向接受检阅的全军官兵亲切问候，而全体受阅官兵也以振奋人心的“主席好!”“为人民服务!”的响亮回答，展现了我军官兵的担当和胆识。最后，当习近平总书记乘车驶回天安门时，全体受阅官兵齐声高呼:“听党指挥!能打胜仗!作风优良!”

10时43分,空中护旗梯队拉开了阅兵分列式的序幕。3架直升机分别悬挂中国共产党党旗、中华人民共和国国旗、中国人民解放军军旗，同其他直升机组成编队飞过天安门上空。这是中国特色社会主义进入新时代的首次国庆阅兵，也是共和国武装力量改革重塑后的首次整体亮相。随后，20架直升机组成巨大的“70”字样，象征中华人民共和国走过的70周年光辉历程。

庆祝中华人民共和国成立70周年阅兵式，是中国特色社会主义进入新时代的首次国庆阅兵，彰显了中华民族从站起来、富起来迈向强起来的雄心壮志。亿万国人看得热血沸腾，也在这场盛大庆典中人感受到了身为

中国人的光荣与自豪。

新中国走过70个春秋，追忆烽火岁月，我们有过苦难，我们经历过磨砺，我们都挺了过来。我们为有一个不畏艰难、勇往直前的民族而自豪，我们为生在这样的祖国而骄傲，我们为身为中国人而骄傲！

那作为新时代的大学生，我们又该如何做才能成为一名合格的中国人呢?

第一，要有坚定的理想信念。有坚定的理想信念，要不断增强中国特色社会主义道路自信、理论自信、制度自信、文化自信。唯有理想远大、信念坚定，才能在历史的发展纵轴中找准定位，明确自身承担的时代责任和历史使命，将个人的发展和国家民族的前途命运紧密相连。

第二，要有真本领。绘就中华民族伟大复兴的宏伟蓝图，必须依靠各行各业各种人才的奋勇开拓，扎实苦干。因此，人才的培育尤其是人才的学习能力、技能水平及应用实践能力的提升，是未来国家发展和中华民族复兴不可或缺的条件和支撑。大学生的素质和本领直接影响着实现中国梦的进程，大学生要学有所长、学有所专、专有所精，才能积蓄充分的力量和基础，以丰富的知识和过硬的本领，脚踏实地为建设社会主义现代化强国而奋斗。

第三，要有担当精神。实现中华民族伟大复兴的中国梦，我们面临着难得的机遇，具备坚实的基础，拥有无比的自信，但是，前进的道路从来不会是坦途，我们必然会面临各种重大挑战、重大风险、重大阻力、重大矛盾，必须进行许多具有新的历史特点的伟大斗争。身处历史发展的重要战略期，面临前所未有的困难和挑战，时代新人要以锲而不舍的进取精神、驰而不息的奋斗力量、坚定执着的担当意识奋勇前行，中华民族伟大复兴的中国梦终将在一代又一代青年人的接力奋斗中变为现实。

（指导教师：杨立红、张明燕）

“医心”爱国 “药”写芳华

樊纪周 龚文慧 龚 颖

在华夏五千年的历史长河中，无数仁人志士用自己的言行甚至生命对爱国进行了解读与诠释。如今的我们生活在一个和平的国家，没有战争，没有纷乱，我们不用像先辈那样在战场上抛头颅、洒热血，不用在枪林弹雨中穿梭，不用在妻离子散中度日。我们应该铭记，今天的幸福是老一辈无产阶级革命家用他们的青春与热血换来的。而作为中医药学子的我们，对中医药的守护和传承，其实就是在践行爱国。

2020年新春伊始，肆虐的新冠肺炎病毒，向中国人民和世界人民发起了进攻，一场“战疫”在世界范围内展开。面对疫情，我国发挥中医药辨证施治、多靶点干预的独特优势，探索形成了以中医药为特色、中西医结合救治的系统方案，成为中医药传承创新的一次生动实践。中医药在我国新冠肺炎疫情防治中发挥了特殊的重要作用，中医药深度介入，全程救治，在不同阶段都取得了成效，为打赢疫情防控的人民战争、总体战、阻击战贡献了中医力量。

近几年，中医药的发展越发受到国家与社会的重视。国务院于2016年2月22日印发了《中医药发展战略规划纲要（2016—2030年）》，把中医药发展上升为国家战略，对新时期推进中医药事业发展作出系统部署，中医药事业进入新的历史发展时期。2016年12月6日，国务院新闻办公室正式发表《中国的中医药》白皮书，此为政府首次就中医药发展发表白皮书。白皮书系统介绍了中医药的发展脉络及其特点，充分介绍了中国发展中医药的国家政策和主要措施，展示了中医药的科学价值和文化特点。习近平总书记更是在多个场合都对中医药给予了高度评价，在国内外推广中医药。

但如今中医药的发展也同样面临很多现实的问题。随着中药需求的增加，药品质量的下降成为中医药发展的首要问题。同时，西药进入医药市场对中药市场造成了巨大的冲击。此外，有的中医信念不够坚定，最终放弃了中医；有的中医坚守传男不传女的落后传承方式，导致许多绝学失传；还有些人一穿上白大褂就成了坐堂中医，满口胡言乱语，患者用了他们的“灵丹妙药”全然不见效果，严重影响了世人对中医的信任。

从1929年的“废止旧医案”到2006年“取消中医”的网上签名活动，再到现在有专家提出“中医将亡于中药”的说法，中医药的价值不断地被人们质疑，中医真的将亡于中药吗？传承和发展中医药到底是爱还是“碍”？作为中医药学子的我们能为传承中医药做些什么呢？

党的十九大报告中给我们传承和发展中医药提出了明确的方向，即继承好、发展好、利用好。

首先，继承好。中医药经典理论和老中医药专家学术经验，必须原原本本继承，这是学术进步和事业发展的基础。常言“基础不牢，地动山摇”，应当切忌用一些似是而非的所谓现代理论诠释、曲解、装饰中医药学，应当极力避免中医药理论的碎片化、空心化、边缘化。

其次，发展好。自觉、自信、自主、自强，才能发展好。中医看病侧重于功能、动态、整体、宏观，西医看病侧重于结构、静态、局部、微观，各有各的特色和优势。中医如果模仿、套用西医的学术规范和标准，就势必弱化自身的特色优势，就不能很好地发挥在治未病中的主导作用、在治疗重大疾病中的协同作用、在康复治疗中的核心作用。我们必须自主研发和制定中医的学术规范和标准。

最后，利用好。中医药学既是具有中国特色的医药学，更是包含中华文化元素的宝库，可以多层次、宽领域、广覆盖地加以利用，既可用以救死扶伤，又可用以养生防病；既可用以美容健身，又可用以养老长寿；既可用以健康旅游，又可用以扶贫脱困；既可用以传道授业解惑，又可用以科研开发；既可用以新兴产业，又可用以生态建设；既可用以文化传播，又可用以国际交流等。

中药之爱国，并不像我们所想象的那么遥远，而是体现在日常生活中的方方面面。此时此刻，寒冬已过，东风正起，让我们一起行动起来，正确继承弘扬中医药，让中医药为国家作出更多的贡献，让中医药帮助更多的人！

（指导教师：杨立红、张明燕）

砥砺前行 我的中国梦

李秀荷 刘盈盈 冷佳佳

1949年10月1日下午3点，中华人民共和国举行了开国大典。毛泽东在北京天安门城楼上宣读了《中华人民共和国中央人民政府公告》，庄严宣告中华人民共和国中央人民政府成立。台下欢呼声震耳欲聋，有人哭，有人笑，有人呐喊。这不仅仅代表着自1840年来，中国人民抗击外国侵略取得了伟大胜利，更重要的是我们建立了一个新的政府，一个属于人民，由人民当家作主的政府。

2012年11月在北京召开的党的十八大上，习近平总书记提出把中国梦定义为“实现中华民族伟大复兴，就是近代以来中华民族最伟大的梦想”，并且表示这个梦“一定能实现”。理想热烈而美好，为理想奋斗本身就是一件幸福的事情。历史悠久的中华民族，几千年以来就有着为梦想奋斗、献身理想的追求，历史深刻表明，只要中国人民和中华民族勇于为改变自己的命运而奋斗牺牲，我们的国家就一定能够走向富强，我们的民族就一定能够实现伟大复兴。

2019年是新中国成立70周年，70年风雨沧桑，70年探索奋进，中国共产党始终不忘初心、牢记使命，带领全国各族人民战胜一个又一个艰难险阻，创造一个又一个彪炳史册的人间奇迹，中华民族迎来了从站起来、富起来到强起来的伟大飞跃。我们坚持奋斗，将团结刻在了骨子里，我们心怀希冀，使理想的力量更加强大。建国70周年国庆阅兵典礼，让我看到了梦想应该有的样子，不仅展示我们的科技军事力量，更是增强了所有中华儿女的自信心，我们的祖国正以一个全新的面貌面向世界，以自己的方式诠释我们的实力。我不禁想起孙玉清老师为庆祝建国70周年所作的《盛世牧歌中国梦 万里山河复兴图》，画中有南海的风情，北疆的风貌，一南一北，有情有貌，每一笔都是对悠久灿烂的中华文化的敬仰，纵横八万里中华上下五千年，五十六个民族的风土民情在画中展现得淋漓尽致。孙玉清老师花费了38年的时间来创作这一幅画，借这一幅画来绘出盛世繁荣，表达了自己唯愿九州同心、江山一统的美好愿望，这也是所有中华儿女的共同期望。

作为新时代的大学生，我们如何才能担当起中华民族伟大复兴的重任呢？

大学生应当有坚定的理想信念、崇高的理想，在新时代新征程中不断增强中国特色社会主义道路自信、理论自信、制度自信、文化自信。大学生应当有高强的本领才干。空谈误国，实干兴邦，社会主义是奋斗出来的，大学生应大力弘扬实干精神，始终拼搏实干。作为千禧一代的我们既生逢其时，也重任在肩，既是追梦人，也是圆梦人。追梦需要激情和理想，圆梦需要奋斗与奉献。有责任、有担当、有奉献的人生才是有意义的人生。每个人都应当担当起历史赋予的重任，在实现中国梦的伟大实践中释放青春激情、追逐青春理想，以青春之我、奋斗之我，为民族复兴铺路架桥，为祖国建设添砖加瓦。

（指导教师：梁祥凤、王　杰）

点赞新中国 昂扬新时代

林邦强　李梦楠

历史的长河，翻滚着昨日辉煌的浪涛；时代的琴弦，弹奏出今朝奋进的旋律。

2019年，我们迎来了新中国成立70周年。经过70年的发展，中国发生了翻天覆地的变化，中华民族迎来了从站起来、富起来到强起来的伟大飞跃。时光荏苒，岁月如梭，不知不觉，新中国成立已经有70年了。

1964年10月16日我国第一颗原子弹爆炸成功；1967年6月17日我国第一颗氢弹空爆试验成功；1970年4月24日我国第一颗人造卫星（东方红一号）发射成功。中国的“两弹一星”，是20世纪下半叶中华民族创建的辉煌伟业。1971年10月25日，在联合国大会第26届会议上，中华人民共和国在联合国的合法席位得到恢复，确认中华人民共和国政府的代表是中国在联合国组织的唯一合法代表，中华人民共和国是安全理事会五个常任理事国之一。占世界人口五分之一的中国重返联合国，是世界进步的需要，也是历史的必然。2001年11月10日，在卡塔尔多哈举行的世界贸易组织（WTO）第四届部长级会议上，通过了中国加入世贸组织的法律文件，这标志着经过15年的艰苦努力，中国终于成为世贸组织新成员，也标志着中国在经过了15年的歧视待遇之后，终于享有了与其他世贸成员同等待遇的权利。1997年7月1日中华人民共和国恢复对香港行使主权，结束了英国在香港一个世纪的殖民统治；1999年12月20日中华人民共和国恢复对澳门行使主权，结束了葡萄牙在澳门442年的殖民统治。香港、澳门回到祖国怀抱，大大推进了祖国的和平统一大业。2003年10月15日，中国第一艘载人飞船“神舟五号”成功发射。中国首位航天员杨利伟成为浩瀚太空的第一位中国访客。之后，从“神舟六号”到“神舟十一号”，中国航天技术不断取得新突破。如今，中国已经成为世界上第三个独立掌握载人航天技术、独立开展空间实验、独立进行出舱活动的国家。2006年7月1日，中国新世纪四大工程之一，通往西藏腹地的第一条铁路，也是世界上海拔最高、线路最长的高原铁路——青藏铁路全线通车，成功解决了三大世界铁路建设难题：千里多年冻土的地质构造、高寒缺氧的施工环境和对脆弱生态环境的保护。2008年北京奥运会展示了中国作为世界大国的经济和科技实力，更把“文化中国”传递给了世界，“绿色”“科技”“人文”的理念，深深地融进了传统奥运理念之中。2010年，日本内阁府发布的数据显示，日本当年GDP为54742亿美元，比中国少4044亿美元，中国正式成为第二大经济体。2017年4月26日，中国首艘自主建造的002型航空母舰在大连正式下水，它是中国真正意义上的第一艘国产航空母舰，这标志着我国现代化海上作战平台自主设计取得重大阶段性突破。2017年11月5日，中国第三代导航卫星顺利升空，它标志着中国正式开始建造“北斗”全球卫星导航系统。这些成就让筑梦征程中的我们更加自信。

现如今，征程万里风正劲，重任千钧再奋蹄。当代青年恰逢中华民族伟大复兴的关键期，正是“强国一代”。青年有志气，民族才有未来；青年爱奋斗，国家才有希望。习近平总书记强调，“青春是用来奋斗的”，“中华民族伟大复兴终将在广大青年的接力奋斗中变为现实”，“幸福都是奋斗出来的”，“奋斗本身就是一种幸福”，“新时代是奋斗者的时代”。我们要不负习近平总书记的殷殷嘱托，保持人民情怀，讲好中国故事，传播中国声音，唱响奋进凯歌，在实现中华民族伟大复兴的接力跑中，一棒接着一棒跑下去。

（指导教师：胡　卿、俞　涛）

我与祖国共成长

朱　媛

2020年新春伊始，一场突如其来的新冠肺炎疫情彻底搅乱了国人传统的新春佳节。从发现首例患者不到一个月的时间里，疫情迅速蔓延至全国31个省（自治区、直辖市），感染人数不断攀升，人们的情绪被紧张害怕所占据。在这场没有硝烟但有生死的战争中，中国共产党带领14亿人民众志成城、顽强作战，筑起抗击疫情的钢铁长城。广大党员挺身而出，靠前指挥，做到守土有责，守土尽责。从明确“始终把人民群众生命安全和身体健康放在第一位”，到要求“千方百计减少疫情防控对群众生产生活的影响”，再到提出“打赢疫情防控这场人民战争，必须紧紧依靠人民群众”……以习近平同志为核心的党中央，果断的决策部署、真挚的人民情怀，充分诠释了何为“一切为了人民、一切依靠人民”。

这让我想起了新中国成立以来，我们紧跟着中国共产党的脚步，筚路蓝缕，艰苦奋斗，创造了无数奇迹。1952年底，我国已具备了有计划地进行大规模经济建设的条件，之后，我们党适时提出过渡时期总路线，逐步实现国家的社会主义工业化，并逐步实现国家对农业、对手工业和资本主义工商业的社会主义改造。经过全党和全国人民的艰苦奋斗，到1957年底，第一个五年计划的各项指标大幅度地超额完成。党的十一届三中全会后，我们党果断作出把工作中心转移到经济建设上来，实行改革开放的历史性决策，坚持走自己的路，开创和发展中国特色社会主义，得到广大人民群众热烈拥护和大力支持。党的十八大以来，中国特色社会主义进入新时代，以习近平同志为核心的党中央统筹推进“五位一体”总体布局，协调推进“四个全面”战略布局，党和国家事业取得历史性成就、发生历史性变革，不断谱写新时代中国特色社会主义新篇章，为实现中华民族伟大复兴奠定了坚实基础。

70年光荣岁月，70年伟大征程，中国创造的奇迹还有很多。这一个又一个的奇迹改变了中华民族的面貌，让中国人民充满信心，向着繁荣富强持续前行，更让无数同胞不禁感慨“此生无悔入华夏”！

从站起来，到富起来，再到强起来的发展历程中，我们更应当看见无数爱国者们奋勇拼搏、砥砺前行的身影，更应当感谢和平年代替我们负重前行的最可爱的人。从他们身上，我感受到了奋斗拼搏的可贵品质，更读懂了爱国爱家的民族精神。正如习近平总书记所说的，5000多年来，中华民族之所以能够经受住无数难以想象的考验和风险，始终保持着旺盛生命力，生生不息，薪火相传，同中华民族有深厚持久的爱国主义传统是密不可分的。

爱国要认清新时代爱国主义的本质。在此次抗击新冠肺炎疫情过程中，我们看到了党的坚强领导和社会主义制度的优越性，看到无数共产党员冲锋在前、勇担重任。爱国，就要爱党、爱社会主义，只有三者高度统一、有机结合，才能共同构成和规定爱国主义的时代内涵。作为青年学生，我们要坚定不移地跟党走，遵守党的方针政策，坚持走中国特色社会主义道路。

爱国要树立坚定的理想信念。习近平总书记曾说：“理想信念就是共产党人精神上的‘钙’，没有理想信念，理想信念不坚定，精神上就会

‘缺钙’，就会得‘软骨病’”。大学阶段，我们应当多读经典，静心思考，补充精神之“钙”，坚定远大理想，才能在奋斗的道路上不偏不倚，沿着正确轨道持续前行。

爱国要练就扎实的报国本领。爱国不是空谈，而是要扎根当下，实实在在地用专业知识、所学本领为国家、社会的发展作出贡献。我们只有不断充实提高自己，将专业学识学扎实，才能将所学用于实践，在实践中检验所学，不断创新创造，才能成为一个有信心和能力为祖国作出贡献的新时代青年。

青年有我，奋斗有我，爱国有我！让我们共同肩负起历史和时代的使命，以炽热的爱国情怀、坚定的理想信念、过硬的知识本领，努力成长为祖国需要的人才。让爱国奋斗成为我们人生中最鲜明的色彩，让祖国母亲散发出更加耀眼的光芒！

（指导教师：方林莉、汪芳萍）

时代精神与我同行

宁渃辰　姚千虹　辜　辰

时代是依据某一个标准而划分的一个时期。我们常说童年时代、青年时代之类的词语。可是很明显，当你在提到这些词语的时候，它所代表的不仅仅是一个时间段的划分，它承载更多的是一份记忆，一种经历，和那个时间段特殊的意义。时代精神是什么？时代精神是一个时代的人们在文明创建活动中体现出来的精神风貌和优良品格，是激励一个民族奋发图强、振兴祖国的强大精神动力，构成时代精神文明建设的重要内容。根据一个国家、一个民族时代精神的内涵及其在经济、政治、文化等建设活动中所发挥出来作用的大小，可以透视一个国家国民的理性程度与成熟水平，因而其成为衡量社会文明进步的重要标准。

党的十八大以来，习近平总书记多次指出实现中国梦必须弘扬中国精神。这就是以爱国主义为核心的民族精神、以改革创新为核心的时代精神。这种精神是凝心聚力的兴国之魂、强国之魂。

时代精神的内容有很多，今天我想介绍工匠精神和改革创新精神两种精神。

首先是工匠精神。工匠精神，是指工匠以极致的态度对自己的产品精雕细琢，精益求精、追求更完美的精神理念。工匠们喜欢不断雕琢自己的产品，不断改善自己的工艺，享受着产品在双手中升华的过程。工匠精神的目标是打造本行业最优质的产品，其他同行无法匹敌的卓越产品。概括起来，工匠精神就是追求卓越的创造精神、精益求精的品质精神、用户至上的服务精神。

既然与工作有关，工匠精神强调的是什么呢？首先，它强调的是一种专注，是要我们把产品做到极致的态度。其次，工匠精神强调的是有耐心，是慢工出细活的体现。我认为工匠精神的根源是热爱，因为只有热爱，才能够坚持；只有热爱，才能让我们在日复一日的工作中找到自己的乐趣。

不知道大家对手工艺品有没有什么了解？有一个迷你手工微缩模型十分有名，是天坛祈年殿的模型。它是由退休工人王振华历时五年完成的。王振华自幼喜欢木工，有一次他在参观一场微缩模型展会时，听说有一位自称榫卯传人的人也要展出他的作品。王振华很高兴地去看了，可是看到的作品令他大失所望。因为这位榫卯传人所做的模型是用胶水黏合而成。榫卯传人告诉王振华，世界上没有不用胶水的模型。王振华非常生气，这也点燃了他心中的那份木工梦，于是他历时五年，一共做了四次，用了一千七百零八个零件，最终完成了这件全榫卯结构的迷你天坛祈年殿。正是这种热爱，让无形化有形，让今天的我们看到了工匠精神。

改革创新精神是什么？就是要能够敢于挑战的精神，敢于先验先试的开拓精神。这一点，在革命战争年代十分重要。革命虽然有先进的思想理论作为指导，但是该如何进行革命，如何进行革命实践，这都是共产党领导人必须思考的问题，这关系到革命的前途命运。虽然中国革命学习马克思主义思想的同时，不断吸收和借鉴他国的革命经验，但是并没有照搬、照抄，而是针对中国革命实践特点，开创性地进行农村包围城市、武装夺取政权的崭新道路。正是这种创新性的革命实践，让中国革命走上了胜利的道路。没有改革创新，就没有今天的伟大成就。在新时代，改革创新的精神更加珍贵，更加不可或缺。

弘扬改革创新精神，要敢于先验先试。先验先试，就是具有科学家探索的冒险精神，这需要勇气。“失败是成功之母”，“没有人能够随随便便成功”，这些都是成功的至理名言，用在新时代的干事创业中更是十分恰当。各行各业、各个领域，要想真正实现突破，就要打破原来的瓶颈和束缚，这往往需要去进行大胆的尝试和试验，当然可能会有失败，甚至是风险。但是，没有大胆地尝试，就根本没有成功的可能。因此，干事创业，风险和困难永远是存在的，这就必须要弘扬伟大的改革创新精神，敢于先验先试。

工匠精神的踏实和创新精神的飞扬，是不是相互矛盾？答案是否定的。创新要求我们，对所学习和研究的事务要有好奇心，要有怀疑的态度，更要有冒险的精神。最重要的，是要发现问题，要有解决问题的能力。而这些都是从实践中得来。因为没有工匠精神的踏实，就没有创新精神的飞扬。因为灵感更会光顾踏踏实实解决实际问题的人，只有孜孜不倦探索的人，才会比别人更早发现事物的本质，找到突破难题的钥匙。依靠空想的所谓创新，往往就是实质上的避实就虚，经不起硬碰硬的考验。

创新精神和工匠精神，二者是相互区别的，是两种完全不同的精神。然而事实上，创新精神和工匠精神，二者本身就是相互交融，相互包含。所以只有二者有机地结合，才能谱写时代精神的新篇章。

（指导教师：江　英、李相南）

站在历史的新起点

张婧姝

这世上，有一个温暖的词语叫祖国，有一种纯洁、至高无上的情感叫爱国。看了《我和我的祖国》这部电影，我的内心涌起一股热烈的情感，久久不能平静。

《我和我的祖国》这部电影别出心裁，共分为《前夜》《相遇》《夺冠》《回归》《北京你好》《白昼流星》和《护航》七个篇章，分别讲述了建国大典前夜的筹备工作、我国第一颗原子弹成功爆炸、中国女排洛杉矶奥运会夺冠、香港回归、北京奥运会成功举办、神舟十一号飞船返回舱成功着陆、抗战胜利70周年阅兵的故事。这部电影在勾起老一辈人青春回忆的同时，也给我们年轻一代带来了满满的感动和骄傲。祖国的伟大不就是由每一位老百姓付出的一点点努力和贡献累积而成的吗？14亿中国人，每一个都为祖国的繁荣做着一点一滴的奉献，尽己所能，才能实现中国70年来日新月异的发展变革。

2019年10月1日是我们伟大祖国建国70周年的纪念日。1949年，一个崭新的伟大国度——中华人民共和国屹立在世界的东方。我们没有止步，生活在这片沃土上的共和国的优秀儿女，自强不息、艰苦奋斗，以敢为人先的勇气，再次书写了荡气回肠的辉煌历史。70年披荆斩棘，高歌猛进；70年坚持不懈，自强不息；70年风雨兼程，百炼成钢。今天，伟大的中华民族迎来了从站起来、富起来到强起来的伟大飞跃，实现了一次次华丽的转身。

历史不是一本厚重书籍的其中一页，不能如过眼云烟般翻过则忘；历史不是岁月长河中一段孤立的剪影，和祖国的现在与未来毫无任何关系。站在历史的新起点，我们需要探究历史的价值。伟大的中华民族，五千年的文明绵延不断，在世界上独树一帜。我们的祖先披荆斩棘、开疆辟土，创造了灿烂的文明。四大发明有口皆碑，长城运河把地球点缀。然而，曾几何时，我们的祖国母亲却遭受了巨大的灾难。鸦片战争、甲午战争、八国联军侵华战争……一次次的失败，无不在中华民族的躯体上刻下了难以抹去的历史痕迹。这是屈辱的印记，这是不屈的印记。威武不屈的中华民族，英勇无畏的中华儿女，他们昂起了不屈的头颅，为了生存，为了尊严，舍生忘死，前赴后继，出现了千千万万的民族英雄，谱写了一曲曲悲壮的赞歌，创造了一个伟大民族凤凰涅槃的故事。从“苟利国家生死以，岂因祸福避趋之”的林则徐，到“拚将十万头颅血，须把乾坤力挽回”的秋瑾；从“大将筹边尚未还，引得春风渡玉关”的左宗棠，到“我自横刀向天笑，去留肝胆两昆仑”的谭嗣同；从周恩来幼时“为中华崛起而读书”的远大志向，到毛泽东“孩儿立志出乡关，学不成名誓不还”的铮铮誓言，无不展现出中华儿女伟大的自强不息的民族精神和坚强不屈的意志。抗日战争，中华儿女一扫百年耻辱；解放战争，中华人民共和国开始屹立于世界的东方；抗美援朝战争，让世界重新认识了中国。那个积贫积弱，任人宰割的时代一去不复返。

站在历史的新起点，我们反思自己的作为。少年兴则国兴，少年强则国强。爱祖国，我们就要对这个社会有责任感，就要锐意进取，自强不息，真真切切地把爱国之心化作报国之行。同学们，当你驻足在雄伟蜿蜒的万里长城之上，当你止步于滚滚东去的黄河之边，当你注视着冉冉升起的五星红旗之时，你的心中是否感慨难平。

站在历史的新起点，我们展望自己的未来。同学们，我们是社会主义的接班人。我们要志存高远，坚定理想信念，将个人的理想追求同国家的前途命运紧密联系在一起。我们要刻苦学习，努力实现人生价值，不辜负党和人民对青年的重托。我们要知荣明辱，与祖国共奋进，与时代齐发展。我们要努力成为新一代“四个有为”青年，自觉担负振兴中华的民族重任，用我们的无悔青春去铸造新时代的不朽丰碑！

（指导教师：魏冬婕、朱　林）

辉煌成就七十载 壮阔盛世中国梦

罗玉波　蔡天赐

2019年是中华人民共和国成立70周年纪念日。70年的风风雨雨，70年的崎岖坎坷，70年的波澜壮阔，70的辉煌壮丽，我们走过了不平凡的70年。70年的艰苦成长锻造了今日中国的辉煌，70年的韬光养晦铸就了今日中国的雄壮实力，70年的励精图治成就了今日中国这条东方巨龙的腾飞。

70年里，我们走过挫折，走过失败，摸着石头过河，走出了一条中国特色社会主义道路；70年里，我们从落后中缓缓走来，一步一个脚印，踏踏实实，走出阴影，走出落后，走出了一条改革开放的强国道路；70年里，我们快步地走着，走向成功，走向繁荣，走向中华民族的伟大复兴。

70年，我国的国际地位实现历史性的提升。70年来，新中国建交的国从18个增加到179个，共同建立了110对各种形式的伙伴关系，构建起遍布全球的伙伴关系网络。从打破美西方孤立封锁到开展反帝反霸斗争，再到改革开放以来坚决捍卫国家主权、安全、发展利益，中国外交经历了一次次重大考验，交出了一份份满意答卷。新中国成立伊始即提出，“凡愿遵守平等、互利及互相尊重领土主权等项原则的任何外国政府，本政府均愿与之建立外交关系。”通过日内瓦会议和万隆会议，新中国登上国际舞台，展现了社会主义国家的全新风貌。时至今日，我国是联合国安理会常任理事国、联合国第二大会费国、维和行动第二大出资国和安理会常任理事国中派遣维和军事人员最多的国家。

70年，我国实现了经济的飞速增长。从1949年到2019年，我国从一穷二白到世界第二大经济体，综合各方面都有了飞越的进步，中国民众的生活有了翻天覆地的变化。改革开放40年，中国经济以每年9%以上的速度增长，经济总规模GDP从1952年的679.1亿元增加到2018的90万元；经济总量占全球比例从1978年1%左右提高到2000年3.7%，2018年达15.86%；人均GDP从50美元增加到2018年9000美元。70年来，我们基本完成了从加护经济向社会主义市场经济转型，形成一个生机勃勃、充满活力的社会。当然经济奇迹不断在发生，我们希望下一个70年中国经济更放光彩！

70年，我国取得伟大的科技奇迹。“两弹”的成功研制和辽宁舰航母诞生加强了我国的国防建设；人造地球卫星的成功研制让我国跻身世界航空科技大国之列；超级杂交水稻解决了国人的吃饭问题；高温超导、中微子物理、量子反常霍尔效应、纳米科技高性能计算机等成果，为我国成为世界第二大经济体奠定了基础。目前，大数据、云计算等技术趋于成熟，人工智能应用范围和领域不断扩大，区块链和物联网技术的结合已处在试验阶段。这些新科技是未来的发展趋势，对我国未来的经济具有很大的推动作用，为我国在新一轮科技革命浪潮中踏浪前行奠定了基础。

时间是历史的见证者，也是伟大的书写者。新中国成立的70年，是不断创造伟大奇迹、彻底改变中华民族前途命运的70年，是沿着民族复兴之路不忘初心、追梦前行的70年，是中华民族精神气质焕然一新的70年。

发展日新月异，奋斗永不停歇。今日之中国，正行进在新时代的长征路上，古老的中华民族正在铸就精神新高度，彰显更加成熟自信的中国气质。在奋进新时代的伟大征程中，让我们更加紧密团结在以习近平同志为核心的党中央周围，坚持以习近平新时代中国特色社会主义思想为指引，不忘初心、牢记使命，谱写新时代祖国发展新篇章。最后引用习近平总书记在国庆70周年庆祝活动总结报告中的一句话：“中国的昨天已经写在人类的史册上，中国的今天正在亿万人民手中创造，中国的明天必将更加美好。”

（指导教师：魏冬捷、朱　林）

新时代高校爱国主义教育

陈贺俊涛

“中国的昨天已经写在人类的史册上，中国的今天正在亿万人民手中创造，中国的明天必将更加美好。”习近平总书记在庆祝中华人民共和国成立70周年大会上的重要讲话和天安门广场的庆祝盛典，点燃了中华儿女的爱国热情。新时代爱国主义教育，要面向全体人民，更应聚焦青少年。高校是对青年学生进行思想道德教育的重要阵地，爱国主义教育是我国高校大学生思想政治教育的重要组成部分，提高大学生爱国主义素养是提高全民族思想道德素质的重要内容。

创新教育手段，强化舆论引导

信息时代，当代大学生一方面享受着互联网在生活和学习方面带来的便利，另一方面也面对着大量良莠不齐的信息。如何让青年学生在享受网络带来便利的同时，增加对网络信息的辨识能力，自觉自发地践行爱国主义尤为重要。因此，必须充分重视和运用新媒体，提高教育工作的时效性、覆盖面和影响力。新媒体特别是网络媒体的发展，为我们开展思想政治工作提供了现代化手段，拓展了思想政治工作的空间和渠道。当前，高校爱国主义教育应主动开辟、净化和占领大众传媒特别是新媒体等宣传新阵地，加强对新媒体的舆论引导，善于运用各种高科技手段和宣传媒介，让大学生在内容丰富、形式灵活的气氛中接受爱国主义教育，增强爱国主义教育的实际效果和影响力。

发挥思想政治理论课的主渠道作用

高校思想政治理论课作为对大学生系统进行爱国主义教育的主渠道，要加强教学改革和建设工作，着重在教学内容和教学方法上构建爱国主义教育体系。第一，丰富教学内容，突出国家和民族利益高于一切这个灵魂，把国家观念和民族精神教育贯穿教学全过程，结合中国历史、现阶段世情国情和学校发展对大学生进行爱国主义教育，使大学生始终保持清醒的政治头脑。第二，创新教学手段，鼓励大学生参与课堂教学讨论。通过灵活的教学方法，为大学生提供参与课堂教学的途径，使其变被动接受为主动学习。第三，注重理论与思想实际相统一。结合大学生的思想实际和当前社会热点难点问题，有针对性地对大学生进行爱国主义教育，使大学生充分体会到社会改革发展与个人成长息息相关。

鼓励学生践行爱国主义

高校大学生爱国主义教育要引导学生积极投身中国特色社会主义事业的伟大实践中，积极拥护和投身于一切爱国的实践活动中。

2020年的春节，一场突如其来的新冠肺炎疫情给中国人留下刻骨铭心的记忆。疫情就是命令，防控就是责任。全国上下在以习近平同志为核心的党中央的坚强领导下，万众一心，众志成城，打响了新冠肺炎疫情阻击战。舍小家为大家、先国家后个人，从来都是中华文化的核心基因和中华民族的精神标识，是把中华儿女团结在一起的强大精神力量。在这场疫情防控阻击战中，涌现出许许多多舍小为大、舍家为国的感人事迹，中国人的家国情怀在共同抗击新冠肺炎疫情中得到了充分展现和诠释。许多大学生党员在关键时刻挺身而出、无私捐献，以实际行动践行爱国主义。他们带头顾全大局，发挥了共产党员的先锋模范作用，在青年中树立了良好的榜样。

在太湖县，栗树村党员自发组成30人的党员先锋队，每组5—6人，轮流值守，在村内主要路口设置临时检测站点，对过往行人检测体温，对车辆进行严格消毒。安徽中医药大学药学院研究生党员志愿者戴纪恒主动报名参加时说，“作为一名共产党员，战疫当前，理所应当冲在最前面!”在桐城市，放假在家的安徽中医药大学药学研究生党支部学生党员谢安，托人用自己的奖学金购买了价值千元的防护口罩赠给龙山村村委会，并委托村“两委”把口罩分发给村里的五保老人和残疾人。她说：“我是一名党员，虽然目前没有工作和收入来源，但是我有奖学金，数量虽然不多，但我也希望能为家乡的疫情防控略尽绵薄之力。”谢安的话语虽然简单却令人动容……

中国特色社会主义进入新时代，爱国主义教育作为人生的必修课关乎国家和民族的未来，同时也为实现中华民族伟大复兴的中国梦提供强大精神动力。

（指导教师：方文韬）

爱国爱岗——每个人都是时代英雄

王雅琪　王九迎　杨明慧

什么是爱国？往历史上追寻——散发赤足赴汨罗江是爱国；吟“当年万里觅封侯，匹马戍梁州”是爱国；弃医从文、挥斥方遒是爱国；隐姓埋名，投身国防是爱国。它是一种对国家和民族的责任。欲尽其责，必履其职。生于和平年代的我们，在祖国的庇护下成长，爱国已不是塞外黄沙、金戈铁马，但是为了祖国和人民的利益，为了祖国和民族的尊严而奋不顾身的爱国主义精神我们不能丢。对每一个中国人来说，爱国是本分，也是职责，是心之所系、情之所归。爱国主义精神是最根本的精神，是中华民族精神的核心。爱国，不仅仅只是一句口号，更需要我们用实际行动去践行。在社会主义建设新时期，我们立足本职工作，敬业奉献就是最好的爱国体现。立足本职工作、敬业奉献不仅是基本的职业道德要求，也是我们传承和发扬爱国主义精神的最好体现。

爱岗敬业中“爱岗”要求我们爱的是什么样的“岗”？根据百度词条，我们得出凡是对社会作出贡献的就是“岗”。“岗”无高低贵贱之分。任何可以称之为职业的，都是可敬的，都值得我们去热爱它。新时代中国特色社会主义的航线已经明确，中华民族伟大复兴的巨轮正在乘风破浪前行。在这艘巨轮上，每一份力量都不可或缺。我们要把爱国主义情感，融入新时代中国特色社会主义建设中去，通过爱岗敬业将我们的爱国情汇成实现中国梦的坚实力量。

早在春秋时期，孔子就提出了“执事敬”“修己以敬”等观点。《朱子文集·仪礼经传通解》中记载：“敬业者，专心致志，以事其业者也。”同样是说，要用尊重和认真的态度工作，吃苦耐劳，然后精益求精。

每个时代优秀的中华儿女都在完成着不同的使命，但究其本质，他们都是在完成一件事——那就是爱国。他们都毫不犹豫地选择了国家与人民，都在自己的岗位上坚守着自己的时代使命：将领岳飞精忠报国；右丞相文天祥歌以明志，至死不渝；官员林则徐虎门销烟；战士杨根思英勇捐躯；党员赵一曼誓死抗日；等等。新时代，我们践行爱国理念要通过爱岗敬业来实现。但无论我们在哪里、做什么，都要坚守岗位干好本职工作，把爱国情怀转化为履职尽责的工作激情，在平凡中书写新时代的不凡。

我国的改革事业已进入攻坚期和深水区，前进的路途上布满荆棘，中国的崛起亟待爱国主义的强大力量，更需要爱岗敬业的精神。从历史的经验来看，一国的经济和社会发展水平在很大程度上与国民敬业的程度紧密相关。一个人的能力有大小、职业有不同、职位有高低，但只有自觉把个人之小我融入社会之大我，不为狭隘私心所扰，不为浮华名利所累，不为低俗物欲所惑，才能够在推动社会进步中创造不朽的业绩。作为教师，上好每一堂课，对每一个学生负责是对爱国的最好诠释；作为医生，发扬医德救治病人是对爱国的最好诠释；作为各级领导干部，在其位、谋其政、履其职、尽其责，做出无愧于国家民族人民的政绩是对爱国的最好诠释。作为大学生的我们，以后会步入社会，会从事不同的职业，我们要把工作当成一项事业，一份追求，以满腔的热情全身心投入其中，不管平凡与否，都贡献出自己的光与热。

历史悠悠，绵延数千年。无数青年在爱岗敬业这个优秀品质的熏陶下，携手奋进，共同铸造了如今的世界强国。新时代弘扬爱国奉献精神，就要始终保持一腔爱国奉献的真挚情怀，立足岗位干好本职工作，在祖国最需要的地方干事创业，在一言一行、点点滴滴中将个人梦想融入中国梦中。要在平凡的岗位上精心谋事、潜心干事、专心做事，尽职尽责做好每一项工作，尽善尽美完成每一项任务，做到把爱国之情、报国之志融入祖国改革发展的伟大事业之中，融入中国特色社会主义事业“五位一体”总体布局和“四个全面”战略布局的伟大奋斗之中，每个人都是时代英雄！

（指导教师：周　娟、王　杰）

中国一分钟

夏远鸿

一分钟可以做什么？对于大部分人来说一分钟是非常短的，可能还不够发个呆，但是对于整个国家来说，每一分钟都是非常宝贵的财富。在中国这个快速发展的国家，你永远都猜不到她会在短短一分钟内给你带来多大的震撼。这些震撼，是源于日益强大的祖国，是源于经济、社会、文化、科技取得的历史性成就，是源于中国人意气风发的精神面貌。

一分钟，33个新生儿诞生；一分钟，20个新的家庭组建；一分钟，26人走上工作岗位；一分钟，35217名旅客出行；一分钟，移动互联网接入流量46804G；一分钟，网上商品零售1043万元；一分钟，快递小哥收发7.6万件快递；一分钟，移动支付金额3.79亿；一分钟，“蛟龙号”最大能下潜50米；一分钟，“复兴号”前进5833米；一分钟，“神威太湖之光”运算750亿亿次；一分钟，333万元投入研究和试验；一分钟，荒漠造林210亩；一分钟，生产汽车55辆；一分钟，5288万元货物进出口；一分钟，创造GDP1.57亿元。

曾几何时，我国还是落后守旧的农业文明国家，一切百废待兴，第二次工业革命早已开始，却还没能建立起较完整的工业体系，明显落后于世界发展的大潮流。70年前我国还有另一类“第一”：贫困人口数量世界第一，文盲人数世界第一，甚至到1981年绝对贫困人口比仍高达88.3%，居世界第一。70年前，中国能生产什么？能生产斧头、镰刀、铁犁，再加上一些枪炮。地上跑的火车、汽车、自行车，天上飞的飞机，海里走的轮船，没有一样是我们自己造的。可事实证明暂时的落后无法决定未来的成败，正是这样“一穷二白”的境地，反而更激发出中国人民用勤劳双手开创美好生活的热情。我们从没有放弃，一直勇敢地向着困难前进，努力地克服困难、战胜困难。自新中国成立以来，我国各个领域的发展都取得了重大进步，越来越多的“新中国第一”开始成为“世界第一”：2006年，青藏铁路全线贯通，这是新中国第一条高原铁路，也是世界上海拔最高、穿越冻土历程最长的铁路；2016年，新中国第一台全部采用国产处理器构建的“神威·太湖之光”夺得世界超算冠军，成为世界上首台峰值运算速度超过十亿亿次的超级计算机；2018年，新中国最长的跨海大桥港珠澳大桥开通，它是世界最长的跨海大桥，世界最长的钢结构桥梁，拥有世界最长的海底沉管隧道……70年从无到有，从有到优，又从优到精，我们不仅逐渐补齐发展中的短板，更在一些领域实现了从跟跑到并跑再到领跑的跨越。

“新中国第一”之所以震撼人心，更在于它凝结着伟大的开拓精神、首创精神、奋斗精神。在1971年第一条浮法玻璃生产线建成投产的展板前，有人讲起当年的故事。浮法工艺生产玻璃的先进工艺，自20世纪50年代诞生起就一直被外国公司垄断。当我们想通过合作引进该技术时，对方却连样品都不给看。越是封锁，越坚定了我们自力更生的决心。中国企业在没有完整操作规程、工艺制度、工艺指标的条件下，建立起工人、干部、技术人员组成的“三结合”领导小组，协同攻关，仅三个月就取得了成功。有亲历者回忆：当时对试验小组来讲，一般工作都在十几个小时以上，有时是几天几夜。这只是千万个“新中国第一”故事中的一个。正是凭着这股子倔劲儿、韧劲儿，我们攻克了一个又一个难关，实现了一次又一次自我超越。

“新中国第一”乃至“世界第一”越来越多，从另一个角度看，也意味着我们在越来越多领域成为领跑者，要实现下一个“第一”，所面对的挑战会更大，所需要付出的智慧和汗水也会更多。如何去更好地适应时代的变化？如何去引领时代的变化？如何提升自己使自己可以更好地面对时代的变革？这就需要我们自己不断地学习，国家自身也在不停地探索。从中国制造到中国智造，简化申报流程，吸引外来人员，全面深化改革，这些都是在不停地尝试、探索更加适合的发展方式。只有在不停地探索过程中我们才能不断地进步，在不断地进步之中我们就能在一分钟的时间里做到越来越多的事情。惟其艰难，才更显勇毅；惟其笃行，才弥足珍贵。70年来，我们创造了难以计数的“第一”，未来我们将创造更多“第一”。

所以，让我们珍惜每一分钟，去努力创造更好的未来，为国家的发展努力，为了自己的未来努力。有国才有家，在经历了许多之后我们才能体会一个强大国家对我们的帮助，才能体会到那份在我们骨子里的民族自豪感，所以用我们力所能及的方式去热爱这片孕育我们的土地吧！

（指导教师：王居华、孟　南）

盛世中国如您所愿，吾辈所愿

魏昊雷

70年，终是“时人不识凌云木，直待凌云始道高”，终是“会当凌绝顶，一览众山小”，终是“宝剑锋从磨砺出，梅花香自苦寒来”。

光阴荏苒，距离天安门城楼上的一声“东方巨响”，70年过去了。在这繁花似锦的年代，追忆烽火岁月，我们感慨万千。如果时光可以倒流，我们多想和英雄的前辈们对话，告慰一声，这盛事中国，如您所愿。我们生活在和平年代，日新月异的中国像一艘巨轮，载着我们进入更广阔的海洋，开启更美妙的生活蓝图。站在和平年代追忆过去，回望英雄先烈不惧生死的故事，总忍不住热泪盈眶。没有谁生来就是钢筋铁骨，共和国的英雄儿女们，也是肉体凡胎的普通人，同样为人父母和子女，同样向往安定与幸福。面对刀枪炮火，生死的考验，没有人不害怕。但英雄成为英雄，是因为对家国的爱，对信仰的坚守。人选择了一种信仰，就选择了一种生、一种死，就选择了一种高于肉体存在的生命。新中国70年来，一路艰辛、一路探索，一路上涌现出无数人民英雄。在人民的共和国，人民站立起来，努力探索，勇敢追梦。无数个人的梦，因为人民与国家的深厚联结，凝聚成为伟大的梦想。我们生活在英雄的人民中，崇尚英雄，争做英雄。

我们致敬先烈，不止是为了缅怀过去，更是为了让先烈的精神得以传承，更好地体悟和珍惜现在，为开创未来汲取精神力量，承前启后，继往开来。中国精神、中国力量正是这样一代代传承，穿越时光、历久弥新。让我们将英雄精神融入自身的血脉。

每一个时代赋予每一代人不同的使命。“长江后浪推前浪，世上新人赶旧人。”已经有无数的中国青年满怀着对祖国的热爱、一腔抱负积极投身到社会主义事业的建设中。陈独秀说：“青年之于社会，犹新鲜活泼细胞之在人身。”自古英雄出少年，青年是祖国的希望和未来，数风流人物还看今朝，我们这一代年轻人也到了要将国家大业扛在肩上的时刻！习近平总书记指出：“中国梦是我们的，更是你们青年一代的。中华民族伟大复兴终将在广大青年的接力奋斗中变为现实。”作为实现中国梦的重要后备力量，青年大学生应响应时代号召，切实担负起实现中华民族伟大复兴的历史重任，用中国特色社会主义理论体系武装自己，坚定走“中国道路”信心，弘扬“中国精神”优良传统，为“中国力量”增添正能量；要将个人理想融入实现中国梦的共同理想中，将个人梦与创业梦、成才梦结合起来，努力学习，掌握本领，提高创新能力，努力成为创造型人才；要坚持从我做起、从小事做起、从身边事做起，加强实践锻炼，自觉到基层中去，到祖国和人民最需要的地方去，迎接挑战，勇挑重担，成为国家和民族的栋梁之材，成为祖国振兴的中坚力量。

五千年沉淀的是底蕴，七十年承载的是梦想。吾辈青年将更加努力地为社会主义进程添砖加瓦，为民族复兴铺路架桥，描绘更加壮丽的磅礴画卷，书写更加伟大的隽永诗篇！

（指导老师：邓明峰、詹中华）

国漫视角下的盛世风貌

徐　琼

文艺是时代前进的号角，最能代表一个时代的风貌，最能引领一个时代的风气。动漫是一种新型的文化表现形式，它以动漫形象为基础，并通过动漫形象来进行提纯，将某种文化内涵及作者的思想情感附着在动漫形象上。动漫形象能传达角色性格，甚至相关的故事情节，其气质个性、动作举止、外在形式都能散发出浓郁的文化气息，对于受众有着直接的吸引力。动漫产业是文化产业的重要组成部分，同时也是推动新文化发展的重要载体。动漫产业的发展既关系到我国历史文化资源的创造性合理使用，也关系到现代信息技术条件下中华文化在全球传播的广度和深度。

2019年暑假，《哪吒之魔童降世》一举夺下国内电影票房亚军，国漫的关注度和讨论度越来越高。自新中国成立以来，中国动画创作力量在不同的历史时期，创作出了许多优秀的作品。那么，国漫的发展又是如何反映我们为之骄傲的中华盛况的呢？主要表现在以下两个方面。

一是经济腾飞。从1961年的《大闹天宫》到2015年的《大圣归来》，跨越半个多世纪，同一个题材，同一个IP，在画面特效和人物表现上我们都能感受到空前的颠覆，带给我们巨大的视觉冲击。这直观地反映了技术的进步，也在昭示着技术进步背后祖国经济的腾飞。

说到动漫必然绕不开其展示载体。过去，我们要看动漫，还需要去巷子里窄窄的影像店买碟片放进DVD里播放，那时很少听人说有谁去电影院看动画片的。但是现在的影院，高端的配置带给我们视听上的盛宴，动画人物仿佛近在眼前，是经济实力的日益雄厚让人才得以施展才华，让技术日渐完善，从而促进了动漫的发展，提高了我们的生活质量。

二是文化实力增强。除经济之外，国漫的发展还反映了另一方面实力的提升，那就是文化软实力。当今世界，文化越来越成为综合国力竞争的重要因素，成为经济社会发展的重要支撑。

就近几年的爆款动画电影来看，我们能发现一个很有趣的现象：《大圣归来》取材于四大名著之一《西游记》；《大鱼海棠》的选题来源于庄子的《逍遥游》——“北冥有鱼，其名为鲲”；《白蛇缘起》也是改编于民间传说《白蛇传》；《哪吒之魔童降世》是来自《封神榜》中的民间故事。这些都是我们传统文化的一部分，带着浓浓的中国特色，受到了国民的普遍欢迎。过去霸占我国国内动漫电影票房榜前列的始终是欧美日这些地区的作品。此次《哪吒之魔童降世》以49.7亿的票房超过美国动漫《疯狂动物城》，获得了绝大多数网友的一致赞许，这反映了人们对本国文化的认同，也从某种程度上增强了中国人民的文化自信。《哪吒之魔童降世》和以往只能小众流行以至于难以走出国门的国漫不同，它在北美上映，史无前例地以动漫电影的身份被送去竞选奥斯卡电影奖，这说明国漫在走向世界，中国的文化软实力在一步步提高。

虽然国漫的发展过程中，时不时会有“仰卧起坐”现象，但量变的不断积累总会等到质变的那一刻，国漫的发展并没有原地踏步而是不断向前的。2019年的国漫用实力和数据证明它在进步在发展，往后会有更多更好的国漫作品陆续上线与漫迷们见面。相信将来的中国会凭借国漫成为动漫产业输出大国，而中华民族的传统文化和民族精神也会以国漫为载体，传播到更远的地方。

（指导教师：李忠萍、成伟业）

在团结中共筑美好中国

王昳秋

梦想，是一个人努力奋斗的目标，是人类不歇追求的动力源泉。而实现中华民族伟大复兴的中国梦就是我们14亿中华儿女共同的梦想，是落在我们肩上的光荣使命。今天，我们比历史上任何时期都更接近、更有信心和能力实现这个梦想，中华儿女需要同心同德，共筑美好中国梦。

习近平总书记指出，“实现中国梦必须凝聚中国力量”，深刻阐明了怀抱强国梦想与焕发前进力量之间的深刻联系，更揭示出实现中国梦的重要路径。只要我们紧密团结，万众一心，为了共同梦想努力奋斗，实现梦想的力量就无比强大，实现中国梦的步履就越发稳健、快速。

每个人的前途命运都与国家民族紧紧相连，中国梦必须紧紧依靠中国人民来实现。涓流汇海，聚沙成塔，中国梦渐行渐近的步伐，来自亿万农民工劳动致富的创业愿望，来自社会各界心系国家命运的热诚参与，来自无数志愿者投身社会的无私奉献，来自科研知识分子的杰出科技创新。中国特色社会主义进入新时代，中华民族迎来了历史上最好的发展时期。同时，面对复杂的国内外形势，我们更要团结一致、凝聚力量，确保中国发展的巨轮胜利前进。

什么是中国力量？就是中国各族人民大团结的力量，就是14亿人心往一处想、劲往一处使汇集起来的力量。团结是战胜一切困难的强大力量，是凝聚人心、成就伟业的重要保证。实现国家梦想的征程上，同心同德、群策群力，就有无坚不摧的磅礴力量。这种力量，我们在革命年代前赴后继的抗争中感受过，在建设岁月激情燃烧的奉献中体验过，在改革时期波澜壮阔的奋斗中亲历过。未来的征程中，只要14亿人团结一心，这种不可战胜的磅礴之力，必将成为我们在民族复兴之路上的胜利之本、力量之源。

通向梦想的道路注定不是坦途，但是只要我们同心同德，走好中国道路、弘扬中国精神、凝聚中国力量，必能为我们伟大的祖国赢得一个更好的未来。经历追梦之旅的曲折和辛劳，我们更要看到，我们可以共同享有人生出彩的机会，共同享有梦想成真的机会，共同享有同祖国和时代一起成长与进步的机会。有梦想，有机会，有奋斗，一切美好的东西都能创造出来，中华民族也一定能够以更加昂扬的姿态屹立于世界民族之林。

实现中华民族伟大复兴的中国梦需要我们共同的努力。作为当代大学生，我们更要紧抓时代机遇，履行民族复兴的历史责任，围绕在以习近平同志为核心的党中央周围，团结可以团结的一切力量，同心同德，共筑美好中国梦！

（指导教师：江　英、李相南）

爱国之心 中华之梦

丁雁敏　任　杰

岁月悠悠，潮起潮落，共和国昂首阔步地走进2019年，迎来了她七十岁华诞。七十年披荆斩棘，七十年风雨兼程。中华民族迎来了从站起来、富起来到强起来的伟大飞跃，谱写了一曲曲“春天的故事”。在这七十年中，无数中华儿女，砥砺前行，守望相助，创造了璀璨夺目的新篇章。七十载的风风雨雨，有过泪，有过苦，有过痛。七十载的峥嵘岁月，有欢乐，有思考，有收获。中国人民凭借着艰苦奋斗的信念，凭借着自己的劳动双手，改变了曾经一穷二白的落后面貌，正如千斤巨石般屹立在世界的东方。当今的中国，不但科技先进，军事力量强大，经济更是飞速发展，人民安居乐业、生活蒸蒸日上。伟大祖国翻天覆地的变化，让我们每个人为之自豪，让每一个人都拥有幸福感、归属感和认同感。我们感受着祖国的强大，民族自豪感与自信心也油然而生，我们可以昂首挺胸，自信地说出：“我为做一个中国人而自豪！”

作为新时代的青年人，我们有义务，更有责任去热爱和保护这来之不易的成果，我们当倍加珍惜这来之不易的伟大时代赋予我们建设现代化、实现中华民族伟大复兴的光荣使命，将爱国之心注入中华之梦中！

爱国，需要我们深刻认识新中国成立的伟大意义。中华人民共和国的成立，改变了中国历史发展的方向，也深刻影响了世界历史发展的进程。鸦片战争之后，中国逐步沦为半殖民地半封建社会，并开始逐步丧失国家主权，中国人民受到了无比的欺凌和盘剥。为了救亡图存，中国的先进分子一直在思考和探索国家发展的方向。在学习西方资本主义国家的努力一再遭遇失败，中国先进分子陷入极度的彷徨和苦闷之中的时候，李大钊为中国昭示了新的发展方向，即社会主义的方向。中国最终走上社会主义道路，是历史的选择、人民的选择，这个选择经过了严酷的历史实践的检验。中华人民共和国的成立，实现了国家的空前统一，奠定了社会主义的经济基础，确立了我国的基本政治制度，提高了中国的国际地位，开启了中华民族伟大复兴的历史新纪元。

爱国，需要我们主动感受祖国日新月异的变化。如今，我国已经成为世界第二大经济体。新的时代里，亿万中国人写下了新的奋斗篇章。这是一千多万人脱贫、一百多个贫困县摘帽的喜人硕果，是复兴号奔驰大地，港珠澳大桥跨越沧海，嫦娥四号九天揽月，北斗系统服务全球的壮丽画卷，是南仁东先生深入贵州、秦玥飞穿梭乡间的一步步脚印，是大江南北一个个勤劳的身影，千门万户里飘出的幸福笑声……

爱国，需要我们认真分析自己可以为祖国做些什么。当前，中国特色社会主义进入新时代，为实现中华民族伟大复兴中国梦，作为新时代青年，我们应不坠青云之志，敢于拼搏，敢于担当，抓住机遇，克服困难，将命运牢牢地把握在自己手中奋斗，为早日实现中国梦而不懈奋斗。

第一，树立远大理想信念。中国共产党人许党许国、矢志不渝的爱国精神和革命风范，是当代青年坚定信仰的精神力量。当前，和平与发展是时代主流，广大知识分子的成长成才有了较好的环境。中国特色社会主义进入新时代，把个人梦融入中国梦是爱国主义精神的新内涵，新时代青年要在祖国最需要的地方建功立业。面对新的时代，青年要有更加强烈的家国情怀和更加忠诚的政治品格，勇于奋斗，争做新时代的排头兵。

第二，涵养爱国情怀。“先天下之忧而忧”，“苟利国家生死以”，“天下兴亡匹夫有责”，都是爱国情怀的体现。新时代呼吁青年一代增强创新意识，敢于走前人没有走过的道路，努力追求创新，积极投身创新发展实践，想国家之所想，急国家之所急。在当前新时代的种种挑战中，坚持面向人民群众的新需求，不断增加自身知识积累，提升综合素质，强化创新意识，提高创新能力，不断攀登创新高峰。

第三，发扬担当意识。新时代，广大青年要树立担当意识，发挥自身的优势，保持奋斗的姿态，勇立潮头，承担起实现中华民族的伟大复兴与中国梦的使命。要坚持国家至上、民族至上、人民至上，始终胸怀大局，心有大我，树立强烈的社会责任感，充分发挥自身优势，以时不我待的紧迫感、舍我其谁的责任感，勇于担当，积极作为。

习近平总书记指出，“爱国，不能停留在口号上，而是要把自己的理想同祖国的前途、把自己的人生同民族的命运紧密联系在一起，扎根人民、奉献国家”。新时代弘扬爱国精神，青年一代需要胸怀理想，付诸实践，以个人梦助推中国梦，为实现中华民族伟大复兴贡献自身力量。

风劲帆满图新志，砥砺奋进正当时。新中国的成立与发展，爱国精神的传承与实践，离不开每一个人的艰苦奋斗，先辈的行动和精神影响着我们，我们也应做好时代的接班人，不负期望，砥砺前行，让中华民族以更加昂扬的姿态屹立于世界民族之林。

（指导教师：魏冬捷、朱　林）

平凡谱写担当

施娜娜

在纪念五四运动100周年大会上，习近平总书记寄语青年要立志：青年志存高远，就能激发奋进潜力，青春岁月就不会像无舵之舟漂泊不定；要爱国：一个人不爱国，甚至欺骗祖国、背叛祖国，那在自己的国家、在世界上都是很丢脸的，也是没有立足之地的。

2019年10月1日上午，长安街上阅兵仪式如期举行。在国家领导人和各界群众庄严热烈的凝视中，在雄壮的军乐声中，年轻的士兵们昂首挺胸、目光坚定。群众游行队伍中，无论是骑着脚踏车的学生队伍，还是感动得流下眼泪的医生护士队伍，大家的脸上都洋溢着自信和发自内心的笑容。

这一天，全世界的中国人见证了祖国的繁荣昌盛，更深刻地体会到了今天的来之不易。于是一个话题在互联网上引起了热议：今天，我们该做些什么来爱这个国家?

一名“90后”学生说，“拾取先烈夙愿，为中华之崛起而读书”。一名个人护理品研发工程师说，“想做出世界前十的品牌”。一位教师说，“为祖国培养三观正确，乐观自信的好孩子”。一位普通的职员说，“就算我这一生碌碌无为，但在生命落幕之际，还是可以为社会散发最后的光和热”。

曾经，在这片养育了中华民族无数儿女的土地上，想要“为祖国做些什么”，代价是十分高昂的。无数有名和无名的英雄，为了“为祖国做些什么”这一点念想，前仆后继，付出了生活在和平时代的我们难以想象的代价。在那个已经远去的时代，每一个能真正践行“为祖国做些什么”这个想法的人，都是值得我们纪念的真正的英雄。今天，依然有许多人为了这个国家和这片土地上的人民作出了巨大的牺牲。他们中有的人，给妻子留下一句“今晚我值班，不能回家了”，却再也没有回来；他们中有的人，为了伸张正义而被掩埋在操场之下十六年；他们中有的人，把自己的一生都献给了为国铸盾的事业，病逝之前依然挂念着工作……

鲁迅先生说过这样一句话：“愿中国青年都摆脱冷气，只是向上走，不必听自暴自弃者流的话，能做事的做事，能发声的发声。有一分热，发一分光，就令萤火一般也可以在黑暗里发一点光，不必等候炬火。此后如竟没有炬火，我便是唯一的光。”生活在今天的我们，想要“为祖国做些什么”，其实并不困难。在这个和平的年代里，我们能为祖国做的事情，其实有很多很多。如果我们做好分内的工作，履行一名中华人民共和国公民应尽的职责，那便已经是对祖国不小的帮助。

我们或许不能一生戎装投身国防事业，但一定可以尊重每一位军人及其家属，在看到“军人优先”的标志时，为急切返乡探亲的人民子弟兵让出他们的优先通道，宣传拥军爱军的优良传统，等等。

我们或许无法像袁隆平、于敏、屠呦呦等科学家获得举世瞩目的成就，但是我们可以学好每一门功课，做好每一次实验，在自己的领域发光发热，每天认认真真、勤勤恳恳地工作和生活，这也是实现中华民族伟大复兴征程上的一小步。

我们或许不是医生护士，面对新冠肺炎疫情时，无法逆行而上支援一线。但我们可以积极配合政府和医务人员的安排，好好待在家里，做好身边的事情，保证身体健康，减少就医，就是我们对医护人员最大的支持。

习近平总书记在国家勋章和国家荣誉称号颁授仪式上讲话时指出，“伟大出自平凡，平凡造就伟大”。新时代中国特色社会主义伟大事业，需要千千万万个不平凡的群体、不平凡的人物。平凡的工作，也可以创造不平凡的成就；平凡的人，也可以获得不平凡的人生。可能未来我们中的大部分人会走向平凡的工作岗位，但是我们一定要坚持理智、正直、善良、乐观，始终为使国家变得更好贡献出自己的一份力量。我们要秉持着这样的想法去感染更多的人，如萤火一般在黑暗中发出光亮，始终向着前方。

（指导教师：许明华、李　赓）

何以爱国

钱伟琴

人生的喜怒哀乐尽是情。“唯愿对酒当歌时，月光长照金樽里”是为友情；“人归落雁后，思发在花前”是为亲情；“劝君莫惜头颅贵，留得中华史上名”是为爱国情。爱国是我难舍之情。一直以来我很喜欢“何以”二字，简单的两个字就把“为什么”和“用什么”的意思都涵盖了。热爱祖国是一件我们都要做的事，可是何以爱国呢？

为什么要爱国？习近平总书记曾说：“爱国是人世间最深层、最持久的情感，是一个人立德之源、立功之本。”家与国，哺育了我们每个人的生命，亦是我们每个人的精神归属。无论走到哪里，无论身在何处，小家与大国，始终是镌刻在中华儿女灵魂中永不磨灭的印记。天下之本在国，国之本在家。家国情怀如同一条柔韧的纽带，将每个人的成长与国家发展紧密相连，个人的命运、家庭的幸福及国家的前途是同频共振、相偎相依的。家国情怀，与其说是一种宏大的英雄气概，毋宁说是一种历史积淀的生命自觉，千百年来，已成为中华民族最纯朴的气质。个人与国家的关系就像歌谣中“我的祖国和我，像海和浪花一朵，浪是海的赤子，海是那浪的依托”描述的一样。

2019年国庆假期，带着七岁的侄女去看电影《我和我的祖国》，其间观众们都潸然泪下，因为爱，所以我们眼中含泪，有感而发。电影结束后我就问了侄女这样一个问题：“你爱国吗？你为什么爱国啊？”我以为她不懂，但她却说了一个我没想过的答案：因为那是我的国啊！我恍然大悟，因为儿童这简单、脱口而出的答案其实也是我们内心深处最纯朴的答案。无论我们行至何处，身在何方，国家二字始终是我们灵魂深处最真切的眷恋！

我们用什么来爱国呢？孙中山先生说：“做人最大的事情，就是要知道怎么样爱国。”“乘风好去，长空万里，直下看山河”，爱国就要先爱我们的山河；“七十者锦衣食肉，黎民不饥不寒，然而不王者，未之有也”，爱国就要先爱我们的人民；悠悠五千年，中华文化如流水潺潺，世代相传，生生不息、源远流长，爱国就要爱我们的文化！

习近平总书记曾说，我们常讲，做人要有气节、要有人格。气节也好，人格也好，爱国是第一位的。我们是中华儿女，要了解中华民族历史，秉承中华文化基因，有民族自豪感和文化自信心。《明史》有言：“己不自信，何以信于人。”所以，我们要坚定“四个自信”。坚定道路自信。中国特色社会主义道路是实现社会主义现代化的必由之路，是创造人民美好生活的必由之路，不为任何风险所惧，不为任何干扰所惑，毫不动摇沿着这条通往复兴梦想的人间正道奋勇前进。坚定理论自信。中国特色社会主义理论体系是科学的，体现了马克思主义的根本立场，具有无可比拟的真理力量。必须始终坚定对党的基本理论自信，以科学理论引领伟大实践。坚定制度自信。中国特色社会主义制度是具有鲜明中国特色、明显制度优势、强大自我完善能力的先进制度，必须始终坚定制度自信，不断地把制度优势更好转化为治理效能。坚定文化自信。坚持对中国特色社会主义文化先进性的认同，不断激发全民族文化创造力，更好构筑中国精神、中国价值、中国力量，巩固全党全国各族人民团结奋斗的共同思想基础。

爱国主义是具体的又是现实的，然而不同的时代，爱国主义的内涵也不尽相同。对新时代中国青年来说，爱国主义的本质就是坚持爱国和爱党、爱社会主义高度统一，坚定不移地沿着中国特色社会主义道路守护好、建设好我们伟大的国家！

习近平总书记说：“爱国，不能停留在口号上，而是要把自己的理想同祖国的前途、把自己的人生同民族的命运紧密联系在一起，扎根人民，奉献国家。”当代大学生，作为新时代中国青年中的中坚力量，爱国就要在求学之路上提高自身的素质，练就过硬的本领，将个人理想融入中国梦中，敲击出时代的最强音。我们要沿着无数前辈的奋斗足迹，将来在一方领域中能够为祖国撑起一片天，在国家、人民需要时，前赴后继，奔跑助力！“冀以尘雾之微补益山海，荧烛末光增辉日月”，即使我们是最平凡的人，也要为我们的国家奋斗！

“古之欲明明德于天下者，先治其国；欲治其国者，先齐其家；欲齐其家者，先修其身。”作为新时代的青年，爱国就要从自身做起，不断学习，不断完善自身，从中华民族代代传承的精神中汲取营养，做到德智体美劳全面发展。“人既发扬踔厉矣，则邦国亦以兴起”，肩负着民族复兴、国家富强重任的新时代青年，要能做事的做事，能发声的发声，积极向上，奋勇向前！

“纵有千古，横有八荒；前途似海，来日方长”，青年一代要在新征程上接续奋斗、砥砺而行。让我们背起梦想，踏向远方，负重前行的青春留给我们的人生底色将会更加精彩！

（指导教师：蒯世安、刘　怡）

尽心尽力就是爱国

姚运龙

“一心装满国，一手撑起家，家是最小国，国是千万家，在世界的国，在天地的家，有了强的国，才有富的家……”这首《国家》道出了根脉一体的家国情怀，既唱出了国人的心声，同时也增添了国人对祖国的认同感。国安则民顺，国强则民富。“爱国、敬业、诚信、友善”作为社会主义核心价值观的重要内容已经深入人心，相信国人对于爱国主义的认识已经达到了入脑入心之境界。那么，我们怎样才能真正地爱国？有人说爱国就是“捐躯赴国难，视死忽如归”的豪情壮志，有人说爱国就是“先天下之忧而忧，后天下之乐而乐”的忧国忧民意识。有人将抵制日货、辱骂日本人当作是爱国的激情，有人也将豪情万丈的旦旦誓言当作是爱国的承诺。爱国主义的实质在于它是一种民族主义思想，但这种民族主义思想应该是基于长远利益的民族主义思想，而不是只顾眼前利益和一时痛快的狭隘的民族主义思想。爱国需要雄壮热忱的豪迈激情，也需要忧国忧民的细腻情怀。爱国必自小处爱起，必自近处爱起，必自身旁爱起，尽心尽力做好力所能及之事更可行。

再大的国也由千万小家汇积而成，再强的国也是无数平凡岗位的组合体。每一个人，每一项工作都是国家的活细胞，要想国之健强，首当细胞活旺。细胞力量不足，国家必定疲软无力。人人都能热爱自己的工作，坚守自己的岗位，倾尽自己的热血，奉献自己的青春，发挥自己的才智，干好属于自己的本职工作，把工作做到高效有得，就相当于每个细胞都健壮强盛，祖国岂有不强大之理？十四亿双手搭条祖国发展的锦绣之路，绝对不是件难事。一次小小的行动也比信誓旦旦的空言套话要强得多。中华民族从近代以来国家蒙辱、人民蒙难、文明蒙尘的悲惨境遇，经过百年奋斗逐渐走向民族复兴，逐渐重铸中华文明新辉煌的历史进程，正是无数劳动人民勤勤恳恳、兢兢业业地干好自己本职工作的小成果汇聚而成，后辈当承袭之为好。

“空谈误国，实干兴邦”，爱国不需要什么豪言壮语，也无需旦旦血誓，爱国需要更多的“小处有为”。做好这些“小处”，就是最好的爱国行为，也是最显实诚有力的爱国良举，相信这些对于每一个国人来说都绝对不是难事。

当然我们会因为所从事的具体行业和工作对国家有着不一样的贡献，贡献可以因能力而有大小，却不能因能力的微小而缺席。在基层岗位上，踏实工作、无私奉献是爱国；在科研领域，潜心钻研、执着探索是爱国；在政府机关，为民服务、勤勉自律也是爱国……当国家有需要的时候，能够奋不顾身地去贡献力量，都能够先大家后小家的奉献，都能够团结一致地对抗阻碍，我想这就是对国家的贡献，就是对国家的挚爱，这就是真正的爱国。

习近平总书记指出，“民族复兴的使命要靠奋斗来实现，人生理想的风帆要靠奋斗来扬起”。中华民族是奋斗的民族，自强不息是民族精神的重要内核，青年大学生是朝气蓬勃的一代，是富有活力的一代，是奋斗的一代，要时刻保持昂扬的斗志，脚踏实地，苦干实干。习近平总书记强调，“新时代中国青年要勇做走在时代前列的奋进者、开拓者、奉献者”。

青年大学生要涵养家国情怀，热爱祖国、关心社会，要常怀“赤子之心”，奉献祖国、奉献人民、奉献社会，做新时代的奉献者。

当我们认真把握了时代的脉搏，看清了风起云涌的时代大潮，就会循着心中理想的方向，用自己的方式为祖国挺起胸膛，做民族的脊梁。

（指导教师：王居华、王艺伟）

爱国“心”声

曾　珠　朱　泓

有人说，一个人如果没有脊梁，就不会站立行走，一个国家如果失去了脊梁，则只能屈服在别人的脚下，匍匐前进。青年之躯挺起了中国脊梁，青年之于中国恰如朝阳之于世间万物。

2019年8月16日晚，澳大利亚墨尔本州立图书馆前，部分“港独分子”集会于此，墨尔本中国留学生及华人移民自发来到集会地点挂起国旗，声援祖国，高唱国歌，将“港独分子”团团包围。更让人动容的是，他们自己淋着雨，将伞留给了五星红旗！

为国发声的是中国青年，永不言弃的亦是中国青年。2019年女排世界杯决赛上，中国女排一路披荆斩棘，势如破竹，以十一连胜的傲人战绩成功卫冕世界冠军。中国女排精神代代相传，已经成为国民精神必不可少的支柱。

其实，无论是爱国的海外留学生还是女排姑娘，他们都是爱国主义者，他们都在践行爱国行为。爱国是一种朴素的社会本能，也是人的一种天性。从心理学角度讲，爱国主义就是一种社会认同，包括认知、情感和行动三个方面。认识到自己民族的文化特点，知道不同文化之间的差异，这是爱国主义的认知成分。同时，爱国也是一种情感，喜欢和自己一样的人在一起，喜欢熟悉的事物和环境，这是人的一种情绪本能。此外，爱国还是一种行动。爱自己的同胞、自己的文化，这是爱国主义的具体的心理体验。可以说，爱国主义的心理过程是：在认识祖国的社会化过程中产生爱国情，由爱国情转化为保护、建设祖国的实际行动。形成爱国主义认知必不可少的是自我认知和同一性的完善。

自我认知，包括第一实际自我、第二理想自我和第三道德自我三个方面。顾名思义，实际自我是一个人当下的行为和思维方式；理想自我指一个人想要达到的人生目标和追求；道德自我则是一个人对自己所处社会文化道德的理解和尊重。可以说，同学们的“实际自我”正听着这堂课，它因“理想自我”的驱使而来，但“道德自我”才是“你为何而来?”这个问题的最深层解答。只有当三种自我和谐统一时，爱国主义的认知才得以形成。

让我们来看看同一性，当国别认同和民族文化认同统一时，会产生对本民族文化和历史的自豪感。爱国同时也意味着一个人对于国家与民族文化认识的同一性的确立。1997年之后，少部分港民受到中国人和英国心同一性的困扰，加上被恶意控制、诱导和洗脑，他们的道德自我逐渐消解，直接导致了他们成为毫无精神和价值的行尸走肉。由此，我们不难看出，完善的自我认知和同一性，对爱国主义思想形成得非常重要。在现实生活中，一个人要如何树立正确的爱国主义思想呢?

第一，要培养国家归属感。在日常的生活中，始终谨记自己是一个中国人，代表着国家的形象，言行举止应该以国家利益为重。要从自身做起，从现在做起，从眼前小事做起，将爱国主义融入我们的学习生活中。无论以后怎样发展，也应铭记祖国的培育，以回报祖国为己任。大学生们大多已成年，应该承担起公民应尽的责任，坚决地维护国家统一与民族团结，维护国家的荣誉、利益与安全。维护国家利益，要承担对国家应尽的义务，遵纪守法，自觉地担负保卫祖国的神圣职责，同一切损害国家利益的行为做斗争，当个人利益与国家利益发生矛盾时，个人利益应当服从国家利益。第二，要培养理性爱国意识。爱国主义不能感情用事，而要从大局出发，理性行动。我们要有维护国家利益的坚定信念，也要体现中国公民的文明形象和风范。要认识和尊重人类文化的多样性，维护世界的和平与发展。第三，要树立民族自尊心和自豪感。相信我们伟大的祖国，努力建设祖国，使我们的祖国能自尊、自信、自强地屹立于世界民族之林。要牢固树立民族团结意识，平等对待少数民族同胞，尊重各兄弟民族文化，坚持原则、明辨是非，与破坏民族团结的行为作斗争，维护各民族团结进步，共同繁荣发展的大好局面。大学生还应维护国家的统一，充分理解国家在这方面的方针与政策。

最后在这里，我想借用鲁迅先生的一句话：愿中国青年都摆脱冷气，只是向上走，不必听自暴自弃者流的话。能做事的做事，能发声的发声。有一分热，发一分光。希望同学们在新时代浪潮中，拥有一颗积极向上滚烫的心，都能成为先生所期望的“太阳”!

（指导教师：林家虎、欧阳菁菁）

思变才能崛起

吴欣仪

只有一个民族真正站起来了，才会正视和反思她曾经受到的屈辱。

中国越来越频繁地出现在国际舞台并拥有发言权；中国在各种国际组织中担任更加重要的角色；中国在国家领土主权问题、安全问题上越来越能够坚持自己的原则；面对层出不穷的全球性问题和挑战，中国努力推动全球治理体系朝着更加公正合理的方向发展，提高发展中国家在国际事务中的代表性和发言权，获得越来越多的国家的信任和尊重。现在的中国已经不是百年前的中国，经历70多年的风风雨雨，我国发展得越来越强大。如今，中国在世界舞台上，发挥着独属于自己的光亮，每一位中华儿女都因“我是中国公民”而骄傲自豪。

当我们为今天的祖国感到自豪时，更不应该忘记一百多年前的中国遭受了怎样的屈辱，更应该反思正视曾经的经历。1840年，急于向海外扩张的欧洲资本主义强国——英国，发动侵略中国的鸦片战争，用炮舰轰开中国的大门。1842年8月，英军直逼南京城下，迫使清政府屈服，订立了中国近代历史上第一个丧权辱国的不平等条约——中英《南京条约》。中国割让香港，开放广州、厦门、福州、宁波、上海为通商口岸，赔款“洋银”2100万元。鸦片战争成为中国历史的转折点。从此，西方侵略者纷至沓来，穷凶极恶地发动了一次又一次对中国的战争，迫使清政府妥协就范，把中国一步一步地推入半殖民地的深渊。

中国饱受外来欺凌，但是先进的中国人从未因此沉沦，他们开始了一轮又一轮的救亡图存运动，开展了近百年荡气回肠的近代化的探索进程。1911年爆发的辛亥革命，推翻了清朝政府，结束了统治中国几千年的封建君主专制制度，但它没有改变中国半殖民地半封建的社会性质和人民的悲惨境遇。1919年5月4日，热血沸腾的爱国学子从北大红楼出发，与北京十几所学校的学生3000余人齐集天安门前举行示威，五四运动在民族危难之际爆发了。这场伟大爱国革命运动、伟大社会革命运动、伟大思想启蒙运动，以磅礴之力激起了中国人民和中华民族实现民族复兴的志向和信心。1921年7月，五四运动之后仅仅2年多，中国共产党诞生了。这一开天辟地的大事变，深刻改变了近代以后中华民族发展的方向和进程，深刻改变了中国人民和中华民族的前途和命运，深刻改变了世界发展的趋势和格局。

中国共产党作为最先进阶级的先进政党，不仅代表着工人阶级的利益，而且代表着中国人民和中华民族的利益，它从诞生之日起就确立了为中国人民谋幸福、为中华民族谋复兴的初心使命，并矢志不渝为之奋斗。自从有了中国共产党，中国革命的面貌为之一新，中国的历史进程掀开了新的篇章！

1949年10月，中华人民共和国的成立，实现了中华民族从几千年封建专制制度向人民民主制度的伟大历史跨越。70多年来，在中国共产党的领导下，新中国确立了人民民主专政的国家政权，坚持和完善人民代表大会制度、中国共产党领导的多党合作和政治协商制度、民族区域自治制度、基层群众自治制度，开辟了一条中国特色社会主义政治发展道路，为经济快速发展、人民安居乐业、社会和谐稳定、国家繁荣富强提供了可靠的有效的政治保证。1978年，党的十一届三中全会开启了我国具有划时代意义的改革开放历史征程。40多年来，我们党团结带领全国各族人民，坚定不移推进改革，毫不动摇扩大开放，我国经济社会发生了翻天覆地的历史性变化，现代化建设取得举世瞩目的辉煌成就。特别是党的十八大以来，以习近平同志为核心的党中央奋力推进改革开放，推动党和国家事业取得全方位、开创性成就，发生深层次、根本性变革，中国特色社会主义进入新时代，中华民族迎来了从站起来、富起来到强起来的伟大飞跃，迎来了实现中华民族伟大复兴的光明前景。中华文明在继承创新中不断发展，是中华民族生生不息、发展壮大的丰厚滋养，是在同其他文明不断交流互鉴中形成的开放体系。亲仁善邻、协和万邦是中华文明一贯的处世之道，惠民利民、安民富民是中华文明鲜明的价值导向，革故鼎新、与时俱进是中华文明永恒的精神气质，道法自然、天人合一是中华文明内在的生存理念。面向国际社会诠释中华优秀传统文化的精华，有利于提升国家文化软实力。在新的历史起点上，中国特色社会主义文化，秉持开放包容、互学互鉴的理念，深入开展同各国文化交流合作，以讲好中国故事为着力点，传播中国声音、中国理论、中国思想，让世界更好地读懂中国，弘扬中华文明蕴含的全人类共同价值，让世界共享中国智慧和中国方案，推动构建人类命运共同体。

中华民族历经五千年巍然屹立，历经磨难却更加坚忍顽强，中华儿女拥有坚持不懈的斗争精神和宽仁的胸怀。今天的中华民族站起来了，我们不惧回首过往的惨痛历史，从历史中学习，从历史中汲取奋进的力量，我们更不惧未来的挑战。中华巨轮将劈波斩浪、扬帆远航，驶向更加壮阔的前程。

（指导教师：董　琪、成伟业）

风雨兼程七十载 砥砺前行中国梦

姚 亭 吴 瑞

作为新时代的青年，我们在家庭、学校、社会的爱国主义教育的熏陶下成长。我们因抗金将士岳飞精忠报国、誓死捍卫领土的豪情壮志而震撼，因周总理“为中华之崛起而读书”的坚定理想而感动，因毛主席在天安门广场宣布“中国人民从此站起来了”而骄傲自豪。

风雨几重，春秋几度，日月流转，万象复苏。2019年，我们迎来了祖国母亲70周年华诞。从建立新中国，到追逐中国梦，70年的执著追求，70年的探索研究，70年的矢志不渝。时间它见证着所有的艰辛历程，所有的风雨飘摇，所有的砥砺前行。时光匆匆却未错过时代的变迁，岁月如流却洗不净历史的铅华。70年前的开国大典上，我们仅有17架飞机参加阅兵。当时，周总理说，飞机不够，我们就飞两遍。于是，第一批P-51战斗机在通过天安门上空后，随即绕了一个大圈，再次飞回来接受检阅。今天，我们的朋友圈却频频被各种飞机战队刷屏：一架架矫健的空中雄鹰，有的排着整齐的队伍，在空中划出一道道彩虹。70年前，中国没有一条高速铁路，没有一条高速公路。今天，中国拥有3万公里的高铁网络，位列世界第一，占了世界总里程的60%以上；14.3万公里的高速公路，位列世界第一，相当于除了中美两国外，世界其他各国的总和。现在从北京到上海，最快不到5个小时，我们可以在北京吃了早餐，再去上海赶午饭。我们是第一个走进电商时代的国家，坐在家里就可以逛全世界的商品，上午下单下午收货也不再是梦想。我们是第一个全民移动支付的国家，出门不用带钱包，无论是点餐、购物、看病、乘车，没有什么是一个手机解决不了的。我们有满腔赤诚、坚韧不屈的民族企业，从华为、阿里巴巴，到腾讯、联想……越来越多的中国企业正在走向世界，名扬海外。

随着经济发展，人们的消费水平日益提高、消费需求日益多样化，作为平凡民众，我深深地感受到了中国的变化一点点映射在人们的日常生活中，我们的衣食住行发生着翻天覆地的变化。服装上，从缝缝补补又三年到每季都有新衣服，人们的衣着不再颜色单调、款式单一，服饰讲究多样化，款式趋向个性化，制作强调工艺化，面料趋向高档化，从时尚的“洋布”，到如今的“Made in China”（中国制造）在世界的舞台大放光彩。饮食上，从粗茶淡饭、到美味佳肴，从吃饱到吃好，到吃得健康，饮食之变，为亿万国人带来了唇齿舌尖的幸福感和生活中的获得感。住房上，从鸽子笼、土坯房，到筒子楼、砖瓦房，再到电梯楼房、智慧小区，70年来的住房建设实现了从“无房住”到“有房住”“住好房”的历史性跨越。各类商品房鳞次栉比，满足了不同类型需求群体的市场化选择，同时，日益完善的保障性住房体系先后圆了2亿多困难群众的安居梦。我国交通基础设施建设取得了巨大成就，各种运输方式都实现了快速发展，高速铁路、高速公路、城市轨道运营里程以及港口万吨级泊位数量等均位居世界第一，机场数量、管道里程位居世界前列，成为社会主义现代化建设的重要支撑。

中华民族用时间、用实力在一穷二白的纸上绘出最新最美的图画，从经济凋敝的困境奋发成为世界第二大经济体，以爬坡过坎的奋斗开创中国特色社会主义新时代，一路走来，虽有风雨波折却总一往无前，我们用经济实力的显著进步、综合国力的不断增强、人民生活水平的持续改善，书写了波澜壮阔的中国故事。我们的国家发生了天翻地覆的变化，中华民族迎来了从站起来、富起来到强起来的伟大飞跃，正如习近平总书记强调的："无论是在中华民族历史上，还是在世界历史上，这都是一部感天动地的奋斗史诗。"在这背后，是中国共产党的正确领导，是中华儿女勇于探索、不断创新不懈努力。

马克思说："一个时代的精神是青年代表的精神，一个时代的性格是青春代表的性格。"每一代青年都有每一代青年的时代使命。100年前，中国青年们艰难探索着救国救民的道路，为革命抛头颅、洒热血；70年前，中国青年们投身火热的社会主义建设中，用双手建设起崭新的中国；40年前，中国青年们站在改革开放的潮头，让中国不仅"站起来"而且"富起来"。而如今，千禧青年们何尝不肩负着新时代赋予他们的使命呢？

2020年，一场突如其来的新冠肺炎疫情肆虐中华大地，我看到成千上万的青年人在这场抗击疫情的战争中闪闪发光，那些千禧年出生的孩子，用稚嫩的肩膀扛起了一份份沉甸甸的责任，为青春增添了别样的风采。他们有的是医护人员、有的是快递小哥、外卖骑手，有的是公安警察、志愿者等，他们成了最美的"逆行者"，展现了当代青年人的担当。

"白日不到处，青春恰自来。苔花如米小，也学牡丹开。"这是奋斗者的时代，这是追梦者的时代，作为当代青年大学生，我们应该坚定自己的理想信念，脚踏实地，走好新一代的长征路，做一个有理想、有道德、有文化、有纪律的社会主义青年，不忘初心，牢记使命，砥砺前行。

（指导教师：周　娟、王　杰）

凯歌岁月七十载 盛世繁华延千年

廖倩雯　李鹏鹞　王永琴

何谓“国”？按照古人的理解，一个国家必须具备四个条件：一是人口，以小“口”代表，二是土地，以横代表，三是军队组织，以戈代表，四是范围，以大“口”代表。把这四个条件组合起来，便成了一个“國”字。历朝历代，许多仁人志士都具有强烈的忧国忧民思想，以国事为己任。韩愈曾说过：以国家职务为己任。陆游曾写道：一寸赤心惟报国。岳飞曾说过：以身许国，何事不敢为。范仲淹曾写道：先天下之忧而忧，后天下之乐而乐。顾炎帝曾说道：天下兴亡，匹夫有责。

何为爱国？爱国凝在慷慨激昂完璧归赵的蔺相如的眉宇间；爱国写在“诗圣”杜甫铺开的白纸上；爱国从“身无半文，心忧天下”的毛主席口中道出；爱国从勇于直面社会、直面人生的鲁迅的笔尖流出。每一个炎黄子孙，都当以为中国人而自豪。爱国，是公民应有的道德情操，是中华民族的优良传统。几千年来，爱国主义就流淌在中华民族血脉之中，去不掉，打不破，灭不了，是中国人民和中华民族维护民族独立和民族尊严的强大精神动力。

七十年来，爱国主义激发了全民族意志，汇聚起磅礴的信念，成为新中国革命、建设、改革历程中的坚实力量，成为站起来、富起来、强起来征程中的强大精神支撑。也正因为有了爱国主义这一强大精神支柱，近代以来才能有如此众多无私的爱国者、无悔的奉献者、无畏的牺牲者，让中华民族历经磨难而屹立不倒，生生不息，任凭前进途中风吹浪打、羊肠九曲，以“乱云飞渡仍从容”的战略定力闯关夺隘，以“滚石上山、爬坡过坎”的不渝铁志排除万难，以“弄潮儿向涛头立”的自信豪迈圆梦。

遍地开花，震古烁今

七十年来，中国共产党领导全国人民发挥社会主义制度的优越性，艰苦奋斗，建立了独立的、比较完整的工业体系和国民经济体系，使经济文化极度落后的旧中国变成了一个初步繁荣的社会主义新中国。现在，我国的国民经济持续健康快速发展，综合国力和国际竞争力显著提高，人民生活总体达到小康水平。七十年来，中国文化建设在探索中前进，在曲折中发展，坚持“为人民服务，为社会主义服务”的方向和“百花齐放，百家争鸣”的方针，大力传承中华优秀传统文化，积极吸收世界优秀文化成果，文化事业和文化产业蓬勃发展，取得了令人瞩目的成就，当前文化建设进入了历史上最好的发展时期之一。新中国成立后，我国科技远远落后于发达国家，在中国共产党的带领下，中国一步步发展，有了今天举世瞩目的成就。建国初期，世界局势的紧张，中国面对恶劣的国际环境，需要积极地发展高新技术以巩固国防，维护国家安全，“两弹一星”就是在这样的背景下应运而生。1967年6月17日，第一颗氢弹空爆试验成功；1970年4月24日，第一颗人造卫星（东方红一号）发射成功；2015年10月5日，中国女药学家、中国中医科学院中药研究所首席研究员屠呦呦荣获诺贝尔医学奖……除此之外，我国在核物理、高空物理、人造卫星、生命科学、高温合金、特殊化学材料、爆炸力学、新型光学仪器等诸多领域取得的成绩，使中国科技实力和知识储备产生了质的飞跃。70年来，在确立工人阶级领导的人民民主专政的国家制度、赢得政治独立的基础上，人民代表大会制度、中国共产党领导的多党合作和政治协商制度、民族区域自治制度等社会主义基本政治制度得到确立、坚持和进一步完善。国防科技是衡量一个国家综合国力的重要标志之一，也是国防现代化建设的一个重要方面。建国七十年来，我国的国防科技工作从无到有，从小到大，从落后到先进，建立起了包括电子、船舶、兵器、航空、航天和核能等门类齐全、综合配套的科研实验生产体系，取得了一大批具有国内或国际先进水平的科研成果，为军队现代化建设和切实增强我国的综合国力作出了重要贡献。建国七十年，中国已经成长为世界第二大经济体，在经济、文化、科技、政治、国防等方方面面都发生了翻天覆地的变化，取得了让无数中华儿女骄傲和自豪的巨大成就。

众擎易举，方兴未艾

爱国，是新时代中国青年学生的本分；报国，是新时代中国青年学生的职责。回首过往，一代代青年在党的领导下，以爱国主义精神为指引，攀藤附葛，穿荆度棘，从建设新中国时期栉风沐雨，足茧手胝，到改革开放新时期攻苦食淡，革故鼎新，切实秉持爱国浓情，胸怀强国矢志，力践报国实行。历史和实践充分证明，青年只有顺应时代大潮，才能扬起人生风帆，逆时代之潮流者必被时代的洪流所淹没。与时代共命运需要担当，有责任有担当，青春才会闪光。新时代中国青年生逢其时、重任在肩，只有紧跟时代步伐，始终与时代同向同行，以过硬的本领和“苟利国家生死以，岂因祸福避趋之”的担当肩负起时代赋予的重任，人生才不会留下遗憾，青春才不会辜负伟大时代。我们理应立鸿鹄志，做奋斗者，切实肩负起时代赋予的使命，不做掘墓人、过路客，以实现中华民族伟大复兴的中国梦为远大理想，以维护祖国统一和民族团结为着力点和落脚点，以深刻了解祖国的悠久历史和深厚文化为文化坚守，要起而行之、勇挑重担，在投身新时代伟大实践中磨砺真本领、展现真担当，不惧前方风雨冰霜，不畏前路艰难险阻，努力成为堪当民族复兴重任的时代新人，为中华民族伟大复兴的中国梦贡献青春智慧和力量！

（指导教师：黄金满、朱　林）

励志笃行篇

勿忘历史 吾辈自强

钱　晨　万瑀瑀　孙香玲

爱国主义是指个人或集体对祖国的一种积极和支持的态度，体现着人们对祖国历史文化的深刻认识，也体现着人们对于自己与祖国关系的深刻理解，以及在此基础上形成的坚定信念。文天祥写下“人生自古谁无死，留取丹心照汗青”的诗句，谭嗣同为变法图强慷慨赴死，都彰显了爱国主义的坚定信念。

在中华民族五千多年的历史长河中，无不闪烁着爱国主义的灿烂光辉。从“繁霜尽是心头血，洒向千峰秋叶丹”，到“我和我的祖国，一刻也不能分割”，古人的诗句、今人的歌声，无不体现着深厚的爱国主义情怀。历史的各个时期，都会涌现出一批又一批具有强烈忧国忧民情怀的仁人志士，他们为了国家统一、民族独立，为了国家繁荣昌盛、人民幸福，始终心系国家存亡兴衰，怀揣“先天下之忧而忧，后天下之乐而乐”的思想，在国家最需要的时候挺身而出，甘于为国奉献，无私付出，谱写了一曲曲响彻云霄的爱国主义壮歌，写下了中华民族爱国主义精神的辉煌篇章，从而形成了民族强大的精神支柱。

近代以来，面对民族生死存亡的危机，中华儿女众志成城、共克时艰，一大批仁人志士和革命先烈捐躯赴国难，视死忽如归，用热血、用汗水、用泪水，发出了震荡寰宇的呐喊，谱写了气势磅礴的壮歌，终于使中华民族以崭新的姿态巍然屹立在世界的东方。他们是中国历史前进的车轮中，篆刻在沿途丰碑上的璀璨光芒；他们是中国历史滚滚的长河上，翻腾在滚滚波浪上的粼粼波光。历史深刻表明，爱国主义自古以来就流淌在中华民族血脉之中，去不掉，打不破，灭不了，是中国人民和中华民族维护民族独立和民族尊严的强大精神动力。

空谈误国，实干兴邦。爱国主义最终要落实到行动上。那么，我们应该如何践行爱国的要求呢?

爱国，就要谈吐文雅，举止文明，诚实守信，待人友善，展现中国人的良好精神风貌。爱国就要爱岗敬业，创造业绩，使国家变得更加强盛。爱国，就要爱群众，为群众做好服务。作为教师，就要像最美教师张丽莉一样为学生服务；作为医生，就要像索道医生邓前堆一样为病人服务；作为干部，就要像人民公仆焦裕禄一样为群众服务……其实，有关爱国的实际行动有很多，最重要的是心中是否有着国家。

起笔人生未来，落笔情系家国，这是每个青年身上肩负的神圣使命。“国亡身殒今何在，只留离骚在世间”。爱国主义早已化为青年的精神基因，深深植根于青年心中。作为新时代的大学生，我们是建设祖国的强大后备军，要刻苦学习科学文化知识，用科学的理论武装头脑、指导实践，掌握过硬的本领，为报效祖国、实现中华民族伟大复兴的中国梦作出更大贡献。勿忘历史，吾辈当自强，中国未来当是更美好的明天!

（指导教师:郭　跃、欧阳菁菁）

爱国不难

严忠婷

祖国是什么？是哺育我们的母亲，长江黄河便是她的乳汁，天边的朝阳便是她扬起的脸庞。祖国是什么？是风雨中的港湾，是炎日的绿荫，是我们和平安宁幸福生活坚不可摧的防线。

回眸历史，五千年漫漫征程，七十年沧桑巨变。我的祖国地大物博，富饶辽阔，发展迅速，欣欣向荣！从古至今，祖先给我们留下太多的奇迹：宛如巨龙的万里长城，高耸挺立的东方明珠，蜿蜒起伏的京杭运河……还有很多美丽的风景：杭州的西湖、黄山的青松、桂林的山水……这样的祖国我们怎能不爱她！

我们爱她，不仅是呼喊着“爱我中华”，“祖国在我心中”的字句，还要用行动去告诉她。

什么是爱国呢？是岳飞“待从头，收拾旧山河，朝天阙”的豪情壮志，是文天祥“人生自古谁无死，留取丹心照汗青”的崇高信念，是屈原“长太息以掩涕兮，哀民生之多艰”的叹息忧愁，是鲁迅在民族危难之时的大声呐喊。

什么是爱国呢？是奥运会举办之际，运动健儿在竞技场上的奋勇拼搏；是四川汶川特大地震发生后，救灾官兵救人时的奋不顾身；是新冠肺炎疫情面前，白衣天使的无畏逆行。

爱国是人类最深沉的情感。中华民族的爱国主义精神更是根植于每一个中华儿女的内心，融进了每一个赤子的血液，让每一个中国人默契满满。在历史长河中，英雄事迹，层出不穷；爱国人物，群星灿烂。他们忠于祖国，热爱人民，不畏贬谪，不怕牺牲，忠烈千秋，永垂千史。苟利国家生死以，岂因祸福避趋之。无论是无情的地震，滔滔的洪水，还是可怕的病毒，在以爱铸成的坚忍不拔的中华民族面前都会望而却步。

但有人说，爱国太难了，我只是个凡人。其实，爱国不难。爱国无大小，处处是爱国。革命英烈抛头颅、洒热血，为革命事业献出自己宝贵的生命，是爱国；党和国家的各级领导干部，运筹帷幄，励精图治，富民强国，是爱国；中国人民解放军高度警惕地守卫在祖国的边防、海疆，保卫国家和人民的生命财产安全，是爱国；体育健儿英勇顽强、力拼搏，为国争光，让五星红旗一次次飘扬在国际体坛的上空，是爱国；我们的父母亲，遵纪守法，在田间、在地头、在岗位上精耕细作，创造财富，上缴利税，是爱国；我们的老师，淡泊名利，呕心沥血，诲人不倦，为祖国培养了一批批合格的接班人，是爱国。遵纪守法是爱国，廉洁自律是爱国，勤俭节约是爱国，忠于职守是爱国。爱国就是爱家庭、爱家人、爱学校、爱集体、爱周围的人、爱周围的环境。爱国就是各司其职，各有其责。

新时代青年大学生正处于中华民族伟大复兴战略全局和世界百年未有之大变局中，人生发展黄金期与民族复兴关键期历史性叠合在一起，打上了“复兴一代”“强国一代”的鲜明烙印。新时代青年大学生要成为名副其实的“开路先锋”“事业闯将”，就要用心思考和回答好如何爱国这一“青春之问”。我是一名中医学生，对我来说，爱国就是要传承祖国母亲留下来的医学精华。那么你呢？

（指导教师：段　雷）

做新时代的好青年

程世龙

一百年前的青年一代，他们高喊“外争主权，内除国贼”等口号，掀起一场反帝反封建爱国主义运动。五十年前的青年一代，他们积极响应“到祖国最需要的地方去”的口号，将热血和汗水洒满社会主义现代化建设的征程。新时代的中国青年处在中华民族发展的最好时期，既面临着难得的建功立业的人生际遇，也面临着“天将降大任于斯人”的时代使命。我们要继续发扬五四精神，以实现中华民族伟大复兴为己任，不辜负党的期望、人民期待、民族重托，不辜负我们这个伟大时代。

热爱伟大祖国

爱国是人世间最深层、最持久的情感。爱国主义是我们民族精神的核心，是中华民族团结奋斗、自强不息的精神纽带。数千年来，爱国主义精神一直流淌在中华民族的绵绵血脉中，到了近现代，它在五四运动中更是熠熠闪光。从“外争国权，内惩国贼”，到“拒绝和约签字”，青年学生的集体呐喊生动诠释着磅礴的爱国精神。全国民众奋起抗争，誓言“国土不可断送、人民不可低头”，奏响了浩气长存的爱国主义壮歌。归根结底，那个时代的爱国主义精神就是要拯救民族危亡、捍卫民族尊严、凝聚民族力量。坚持爱国和爱党、爱社会主义高度相统一，这是当代青年需要夯实的价值坐标。

新时代中国青年热爱伟大祖国，就要把爱国与爱党结合起来。中国共产党是五四精神最忠诚的继承者，也是爱国主义精神最坚定的弘扬者和实践者，百年来的历史足以证明这一点。中国共产党立志于实现中华民族伟大复兴的千秋伟业，从激情燃烧的革命战争年代到砥砺奋进的和平建设时期，再到如今蓬勃向上的新时代，在每个历史阶段，中国共产党都能走在时代的最前列，带领中国人民奋勇向前，战胜一个又一个国内外敌人，迎接一个又一个伟大胜利。

新时代中国青年热爱伟大祖国，就要坚持爱国和爱社会主义相统一。五四运动促进了马克思主义在中国的迅速传播及其与中国工人运动相结合，并使社会主义思想成为五四运动后新文化运动的主流。此后的历史实践不断证明，中国特色社会主义根植于中国大地、反映中国人民意愿、适应中国和时代发展的要求。胸怀报国之心，要毫不动摇地信仰社会主义，毫不动摇地坚持和发展中国特色社会主义。

坚定理想信念

人的本质力量是人作为主体对客体对象存在的一种能动性关系，正如马克思所揭示的，“激情、热情是人强烈追求自己的对象的本质力量”，“我的本质力量作为一种主观能力自为地存在着”。这种从潜在到实在的展示过程，是基于人在观念中对自身未来发展状况的一种构思和设想，这正是理想的实质所在，理想始终与人的意识活动同步发展。理想的确立过程是一个对生活、对社会、对他人认识的过程，更是一个对自己认识的过程。只有找到理想目标，才会有人生的方向。习近平总书记指出，崇高信仰、坚定信念不是高不可攀的，但也不会自发产生，要练就“金刚不坏之身”，必须用科学理论武装头脑，不断培植我们的精神家园。

担当时代责任

当代青年是幸运的，没有屈原“黄钟毁弃，瓦釜雷鸣”的窘境，也没有李白“拔剑四顾心茫然”的喟叹，我们正处于中华民族发展的最好时期，面临着难得的人生际遇。中国特色社会主义新时代为青年铺就了前进道路，提供了纵横驰骋的平台。正如习近平总书记所说，“只要青年都勇挑重担、勇克难关、勇斗风险，中国特色社会主义就能充满活力、充满后劲、充满希望”。广大青年应该将人生理想融入国家和民族的事业中，担当时代重任，不断提升自我。

担当要有情怀，情怀是担当的原动力。必须要有“先天之忧而忧，后天下之乐而乐”的家国情怀，才能扛起使命的大旗，担当为国为民的重任。“为官避事平生耻”，“位卑未敢忘忧国”。无论身居何地，不论地位高低，都要以“天下兴亡，匹夫有责”的担当精神恪尽职守，把“小我”融入“大我”中，担起一份责任，撑起一方天地。俯仰之间，无愧于时代重任。

锤炼品德修为

人无德不立，在大学时期形成的道德观念会对大学生一生的影响很大。广大青年学生应成为开风气之先的鲜活力量，当好锤炼品德修为的先锋队。锤炼品德修为，重在自觉树立和践行社会主义核心价值观。社会主义核心价值观既体现了社会主义本质要求，继承了中华优秀传统文化，也吸收了世界文明有益成果，体现了时代精神，是党和国家最持久、最深层的力量。首先，要从中华民族传统美德中汲取道德滋养。其次，要从英雄人物和时代楷模的身上感受道德风范。此外，还要从自身内省中提升道德修为。从自身潜能中锤炼青年奉献社会和服务人民的良好品格，需要强大的内生性动力，这样的人生“价值坐标”会更有意义，体现人之为人的精神向度。

尼采曾说：“每个不曾起舞的日子，都是对生命的辜负。”处于新时代的大学生，要把握住时代给予的机遇，在自己的人生中留下浓墨重彩的一笔，感悟生命的意义，实现人生的升华。当代大学生要热爱伟大祖国，将中国梦与个人梦紧密联系，勇于担当时代责任，培养高度责任意识，锤炼品德修为，德智体美劳全面发展。

（指导教师：李忠萍、成伟业）

争做新时代的爱国青年

孙佳美

谈到当代大学生如何爱国，首先我们就要了解什么是爱国主义。爱国主义是中华民族精神的核心。爱国主义精神是中华民族的精神基因，维系着华夏大地上各个民族的团结统一，激励着一代又一代中华儿女为祖国发展繁荣而不懈奋斗。它是刻在每个人骨子里，融于我们血液中的东西，是值得我们骄傲的一种情感，并且是我们应该具有的一种道德修养。作为新时代的青年，我们更应该做新时代的爱国主义者，热爱祖国，热爱人民，拥护中国共产党的领导，拥护社会主义。我们每个人都应该为祖国的发展感到自豪，争做新时代下的爱国传承人。

为了祖国繁荣富强和人民幸福安康，无数英雄的中华儿女前赴后继地奉献着青春、热血乃至生命。戚继光是中华史上第一位反抗外国侵略的爱国主义的英雄，他的一生都在为保卫国家、抵御外敌付出努力，凭借着自己的一腔热血，勇敢地同倭寇进行斗争，在台州大捷中连挫倭寇，救出数千名被掳难民。立下誓言坚决抗日的吉鸿昌曾被蒋介石以考察事业为名逼迫到国外，受到接连不断的侮辱，却义无反顾地维护祖国的荣誉，并骄傲地写下“我是中国人”。勇敢扛起炸药包的董存瑞，用自己十九岁的生命为战友开辟了前进的道路。钱学森为中国的载人航天开启了一扇崭新的大门，将自己的一生交付给了祖国。他们是最可爱的人，值得每一个中国人学习，尤其我们青年一代要学习他们这种鞠躬尽瘁的精神。

我们应该如何去爱我们的国家，去守护我们的祖国。爱国首先应做到：立身行己，以学为基。非学无以广才，非志无以成学，只有我们自身练就了过硬的本领，才能更好地服务社会，更好地成为国家未来发展的强劲动力。在知识更新日趋加速的今天，要想跟上时代发展的步伐，就必须不断学习。青年代表着民族的希望，代表着国家的未来。广大青年只有努力从我国改革开放和社会主义现代化建设伟大实践中汲取智慧和力量，不断增强知识更新的紧迫感，如饥似渴地学习知识，掌握学问，增强素质，提升能力，才能成为勤于学习、勇于担当、甘于奉献的栋梁之材，才能完成时代赋予的历史重任。修业必先修德。近代教育家蔡元培先生也说过：“若无德，则虽体魄智力发达，适足助其为恶。”“德”是每个人成长成才的前提和基础，一个人的“才”只有与“德”相匹配，以“德”为引领，才能真正成为国家和人民需要的栋梁之材。广大青年一定要大力加强道德修养，注重道德实践，自觉弘扬爱国主义、集体主义、社会主义思想，积极倡导社会公德、职业道德、家庭美德和个人品德，带头营造良好社会风气。

其次，要理性爱国，有爱好和平，宽容大度的精神。爱国，是必须的，是光荣的，就像徐特立说的那样，“人民不仅有权爱国，而且爱国是个义务，是一种光荣”。有谁会不爱自己的祖国呢？而在“爱国”前面加上“理性”两字，又有多少人能做到呢？理性爱国主义是相对于狭隘的、极端的、非理性的爱国主义而言。理性爱国主义不是简单的情感倾诉，而是将情感与理性反思紧密结合，既有外在的行动又有内心的冷静思考，是一种清醒的、由理智支配的情感。同时，理性爱国主义是开放的而非封闭的，包容的而非排他的，是将爱国的主观动机和客观效果相统一的爱国主义。理性爱国顺应了和平、发展、合作的时代潮流，是我国抓住重要战略机遇，继续推进改革开放，实现中华民族伟大复兴的必然要求，也是培育中国人民开放、自信、包容的大国国民心态的需要。

最后要有团结奋斗，舍我其谁的精神。爱国主义是中华民族精神的核心，是中华民族团结奋斗、自强不息的精神纽带。爱国主义精神是中华民族的精神基因，维系着华夏大地上各个民族的团结统一，激励着一代又一代中华儿女为祖国繁荣发展与进步而不懈奋斗。团结就是力量，团结越紧力量越大。让爱国主义成为每一个中国人的坚定信念和精神依靠，让我们做爱国主义的坚守者和传播者，始终把国家富强、民族振兴、人民幸福作为努力志向，自觉使个人成功的果实结在爱国主义这棵常青树上。只要全党全国各族人民、海内外中华儿女同心同德、群策群力，就能形成万众一心、无坚不摧的磅礴力量，就能战胜一切强大敌人、一切艰难险阻。

（指导教师：张全喜、顾忆涵）

我们要成为这样的人

王书宇

因中国在巴黎和会上外交的失败，1919年5月4日下午，北京大学等13所院校的3000余名学生，不顾北京政府教育部代表及警察的阻拦，到天安门前集会抗议。他们提出“外争主权、内除国贼”“废除二十一条”和“还我青岛”等口号，强烈要求拒绝在和约上签字，并惩办北京政府的三个亲日派官僚曹汝霖、章宗祥、陆宗舆。这场伟大的群众爱国运动，取得了初步胜利，北洋军阀释放被捕学生，罢免曹汝霖等卖国贼的职务，拒绝在对德“和约”上签字。五四运动既揭开了新民主主义革命的序幕，又开创了中国新民主主义革命的开端。

1921年，13名平均年龄不到28岁的热血青年汇聚在上海望志路106号，代表当时全国50多名党员，宣布成立了中国共产党。在此后的100年历程中，一代又一代中国青年在中国革命、建设和改革开放的伟大征程中，接力奋斗，奉献自我，成长为中华民族伟大复兴的先锋力量。

从历史发展的进程中，我们不难发现，青年的理想信念关乎国家未来，青年理想远大、信念坚定，就能激发无限的奋进潜力。在新民主主义革命时期，中国青年坚定革命理想信念，积极投身追求民族独立、人民解放的伟大革命斗争，不怕牺牲、顽强斗争，锻造为中国革命的时代先锋；在社会主义革命和建设时期，广大青年在党的带领下艰苦奋斗、乐于奉献，争做积极分子，为社会主义建设建功立业；在改革开放和社会主义现代化建设时期，广大青年积极响应党的号召，投身到改革开放伟大实践中，争当社会主义现代化建设新长征的突击手；在新时代中国特色社会主义发展时期，广大青年在习近平新时代中国特色社会主义思想指引下，自觉树立和践行社会主义核心价值观，勇担时代责任，积极投入到青春建功新时代的历史潮流。

近年来，一大批有本领有知识，思维活跃、勇于创新的青年在脱贫攻坚战场上奋斗、在深化改革深水区探索、在田间地头奔忙，向祖国和人民展现了赤子之心。2021年5月12日，在中宣部举行的“新时代青年的青春担当”中外记者见面会上，5位优秀青年党员代表与大家分享了他们的奋斗故事。武汉大学外国语言文学学院2019级硕士研究生王琇琨，是这场见面会上唯一的学生代表，这个“90后”女孩已坚持参与志愿服务近10年。新冠肺炎疫情发生后，她和青年党员、志愿者迅速行动，组织线上辅导医护人员子女的志愿服务行动。

习近平总书记在十九大报告中指出：“青年兴则国兴，青年强则国强。青年一代有理想、有本领、有担当，国家就有前途，民族就有希望。”我们要积极向杰出青年代表学习，充分发挥自身才能，投身中华民族伟大复兴的壮阔事业中。第一，就个体发展阶段而言，我们是学生，我们的主要任务就是学习。我们既要注重专业课的学习，又要多了解一些通用知识与技能，以谋求自身全面综合发展。第二，就个体与国家的关系而言，我们是中华民族伟大复兴征途中的参与者、贡献者，因此我们更要心系国家，关心国家大事，正确认识祖国的历史与现状，从历史中吸取教训，以适应时代发展的要求，紧跟时代的步伐，一步一个脚印地做好每一件事，为实现中国梦贡献自己的一份力量。

（指导教师：陈书华、汪芳萍）

担复兴大任 做时代新人

李兰楠

青年如春日之晨，充满希望，蕴含美好。青年一代的理想信念、精神状态、综合素质，是一个国家发展活力的重要体现，也是一个国家核心竞争力的重要因素。习近平总书记深刻指出，青春理想，青春活力，青春奋斗，是中国精神和中国力量的生命力所在。习近平总书记指出，青年一代有理想、有本领、有担当，国家就有前途，民族就有希望。当代中国青年是与新时代同向同行、共同前进的一代，生逢盛世，肩负实现中华民族伟大复兴的历史重任。

一百年前，一群新青年高举马克思主义思想火炬，在风雨如晦的中国苦苦探寻民族复兴的前途。一百年来，在中国共产党的旗帜下，一代代中国青年把青春奋斗融入党和人民事业，成为实现中华民族伟大复兴的先锋力量。

世界未来，青年担当，这是人类社会发展的基本规律。中国特色社会主义进入新时代，新时代的中国青年担负着特殊的时代使命，理应胸怀中华民族伟大复兴的战略全局和世界百年未有之大变局，积极成为世界和平的维护者、全球经济的推动者、人类文明的传播者、科技革命的弄潮者、生态环境的守护者，为人类社会发展充分展示文明古国、泱泱大国青年的气度与格局、责任与担当。

时代新人要有坚定的理想信念

理想信念是人们心中的灯塔和方向，是干事创业的不竭动力。广大青年要坚定理想信念，筑牢精神之基。“志不立，天下无可成之事。”心中有信仰，眼中才有方向，脚下才有力量。作为新时代的青年人，我们应当立什么志、信仰什么？习近平总书记指出，一个人的理想志愿只有同国家的前途、民族的命运相结合才有价值，一个人的信念追求只有同社会的需要和人民的利益相一致才有意义。广大青年要坚定对马克思主义的信仰、对中国特色社会主义的信念、对中华民族伟大复兴中国梦的信心，不断增强做中国人的志气、骨气、底气；要深入学习党的创新理论，自觉加强党史学习教育，从党史学习中激发信仰、获得启发、汲取力量；要心怀“国之大者”，把个人命运与国家民族命运紧密结合，想国家之所想、急国家之所急、应国家之所需，怀揣与时代同步伐、与人民共命运的伟大志向，树立为祖国为人民永远奋斗、赤诚奉献的坚定理想，用汗水作为青春最亮丽的底色，谱写一曲属于我们青年的时代赞歌。

时代新人要有高强的本领才干

当代青年要担负起实现民族复兴的历史重任，既要理想信念坚定，也要本领高强。俗话说，“没有金刚钻，别揽瓷器活。”当代青年生逢盛世，从先辈手中接过民族复兴的接力棒，历史的重任自然地落到青年的肩上。因此，青年一代要努力打磨自己的“金刚钻”，以高强本领为实现民族复兴而努力奋斗。要成大才，做到本领高强，既要下一番苦功夫，善于学习新理论、新知识、新技术，又要在研究、解决实际问题中增强创新意识、永葆创新精神、提升创新能力。巾帼女“匠”姜立亚，让中国智能机床冲击世界一流；钳工夏立手工打磨0.001毫米，为通讯天线保驾护航，提升“中国精度”。青年一代要学习、继承、发扬这种可贵的工匠品质。无论在哪个岗位，都要立足岗位作贡献，练就过硬本领，爱岗敬业，守护好祖国的每一方小小天地。

时代新人要有为国为民的担当精神

新时代既为青年一代提供了前所未有的机会，也为青年一代带来了相应的重担。在这里，我们既是追梦者，也是圆梦人。追梦需要勇气和热爱，圆梦需要努力和担当。有理想、有追求、有奋斗、有担当的人生，才是有意义的人生。

秦玥飞，名校毕业，本应和他的同学们一样，在繁华的大城市里迅速成长为各行各业的领军人物。但他却反其道而行，成了精英人才当中的“逆行者”，他回到了祖国的农村，选择成为一名村干部。他用努力获得了可以拥有令人羡慕的未来的机会，但却愿意怀着一颗赤子之心，走进泥土。青年逐梦，是实现中国梦的重要一环。秦玥飞将自身价值放置于国家、社会的大坐标内，这样的人生便拥有了更重的分量。

鲁迅说，有一分热，发一分光，就令萤火一般，也可以在黑暗里发一点光，不必等候炬火。我们青年，要无畏艰难，以热爱祖国为荣，以爱岗敬业为荣，以有理想、有追求、有奋斗、有担当的人生为荣！

（指导教师：陈书华、于　璐）

不忘初心 牢记使命

冯 力 李雨晴

2019年10月1日，我们迎来了祖国母亲七十岁的华诞。这七十年里，她穿过荒凉的沙漠，跨过悲愤的河流，打碎了四周绝望的高墙。任何灾难也没能摧毁她的意志，带着中华民族五千年的文明所历练出的气质，跨入了新时代的大门。七十年，既是一圈漫长的年轮，也是一幅征服寰宇的美丽画卷。正如习近平总书记所说的："我们的昨日是'雄关漫道真如铁'，我们的今日是'人间正道是沧桑'，而我们的明日必是'长风破浪会有时'。"

2020年伊始，一场新冠肺炎疫情席卷而来，全国上下倾力抗击这场没有烽烟的战争。古话常说，患难方能见真情。在短短的几个月里，我们看见了太多太多，此时发生的一切都注定让人印象深刻。那些奋战在一线的人，他们用生命、用汗水去守护我们的同胞，守护这个国家。他们或是年迈，或是青春；他们是医护人员，他们是志愿者，他们是警察，他们是环卫工人，他们是每一个普普通通的人，但是他们尽职尽责，坚守自己的初心，砥砺前行。

然而，在现实的社会生活中，我们又常常感到困惑："我的初心究竟是什么？怎样才能做到不忘初心呢？"这个问题的答案，实则就在你我平淡无奇的平常生活中。我所理解的初心即是每个人都认真做好自己的事情，主动承担起自己的社会责任，在其位而谋其职。做老师，就应在课堂上孜孜不倦地教导着台下的莘莘学子，兢兢业业；做医生，就应竭尽全力与病魔抗争，挽救病人于危难之间，尽职尽责；做学生，就应好好学习，承担起社会赋予我们的使命与担当……

不忘初心要有爱国精神作为支柱。我们自小就被教导着要爱国，但是很多人却很难理解透彻什么是爱国。大家都在说爱国，有的人却不愿捡起路边的垃圾，有的人也不愿在公交车上主动让座。而那些我们所知道的、不知道的真正的爱国英雄，他们或许不会把爱国这两个字挂在嘴边，他们只是每个人都在以自己的方式去单纯地爱着这个国家，爱着我们的同胞，爱得深沉，爱得真实，爱得无私。爱国不是口号，而应该是实践。我们青年人作为社会主义事业的接班人，应该把自己的爱国情怀转化为提升自我价值的根本动力，要刻苦学习，脚踏实地，努力提高个人文化素质。要勇于创新，我们需要各种创新型人才将中国制造打造成中国创造。我们医学生不仅要扑在书本上，畅游在知识的海洋中，还要积极参加社会公益活动，为打造更美好的社会献上自己的一份力量，努力成为符合社会需求的人才。

习近平总书记曾经说过：“当摩天大楼在我国大地上遍地林立时，中华民族精神的高楼也应该巍然耸立。”那这精神的大厦我们又要如何建造呢?

十月革命的一声炮响给我们送来了马列主义，我们历经反复地践诺求知，才将这些思想变成中国化的切合我们中国国情的指导思想，变成我们认知和改造世界的强劲思想武器。这些宝贵的智慧结晶需要延续和传承，而青年一代便是最好的传承人，是这国家未来的掌舵者。我们需要被引导，需要接受教育，需要掌握和学习这优秀社会体制下的真正内涵，需要明白这时代、这民族的精神，需要辨别这世道的是是非非。

不忘初心，牢记使命。不忘的该是你我的初心，牢记的该是每一个中国人的使命。中国的昨天已经载入史册，中国的今天正在亿万人民手中创立，中国的明日必然越发美好！

（指导教师：李新军、于 璐）

爱国之心于青春中彰显

全芳仪

“起来，不愿做奴隶的人们！把我们的血肉，筑成我们新的长城……”身子站得笔直，脖上系着整洁的红领巾，右手呈掌形举过头顶，视线随着冉冉升起的五星红旗不断上升，直至五星红旗在杆顶迎风飘扬，国歌声在广播中结束。这样的动作，伴随了我的整个少先队员时期。那时候我的爱国之心，是穿上校服认真参与每周一早上的升旗仪式，是在手抄报中用彩笔描绘出心中的五星红旗，是在合唱比赛中唱出的“五星红旗迎风飘扬”，是朗诵比赛中读出的“我骄傲，我是中国人”……就这样，爱国的种子在我幼小的心中洒下了。

“起来，不愿做奴隶的人们！把我们的血肉，筑成我们新的长城……”身子站得笔直，胸前戴着一枚团徽，视线随着冉冉升起的五星红旗不断上升，直至五星红旗在杆顶迎风飘扬，国歌声在广播中结束。这样的动作，伴随了我的整个共青团员时期。

说起中国共产主义青年团，其是中国共产党领导的先进青年的群团组织，是广大青年在实践中学习中国特色社会主义和共产主义的学校，是中国共产党的助手和后备军。1922年，中国共产主义共青团在时代需要、民族处于水深火热困境下成立。觉醒时代，中国共青团团结广大青年誓死捍卫祖国领土完整，青年救国救民的事迹深深地印在我的脑海里，他们为中国共青团输送了一批又一批的有志青年，造就了一批批合格的优秀的社会主义接班人，推动各项建设全面发展步伐，推动祖国的发展，奉献出时代需要的智慧与力量。犹记得初中加入中国共产主义共青团的时候，“我志愿中国共产主义共青团，坚决拥护中国共产党的领导……”的誓词。

“我志愿加入中国共产党，拥护党的纲领，遵守党的章程……”身子站得笔直，胸前戴着一枚党徽，右手握拳放于太阳穴旁，双眼坚定地注视着那面党旗，在党支部书记的带领下，我发出入党的铮铮誓言。这幕场景，我至今铭记于心。誓言依旧在我耳边回响，时刻提醒着我，要努力做一名合格的共产党员。

一种价值观要真正发挥作用，必须融入社会生活中，让人们在实践中感知它、领悟它。爱国主义精神也应该被当成一种价值观融入我们的生命中，而生命力的保持在于实践，必须坚持行胜于言，在落细、落小、落实上下功夫。第一，要坚持爱党爱国爱社会主义相统一，必须学习了解中华优秀传统文化，必须认真学习党史、新中国史、改革开放史和社会主义发展史等，以文化人、以史共情，以此激发人们对国家、党和社会主义的情感共鸣。第二，用自己的行为作表率，把社会主义核心价值观作为自己的基本遵循，并身体力行大力将其推广到全社会去。“道不可坐论，德不能空谈。”从文明礼仪、文明餐桌、文明旅游、文明交通做起，知荣辱、讲文明、守礼仪、作表率。从节粮、节水、节电、节约钱物做起，尚节俭、去懒惰、戒奢华、杜浪费。从孝心、爱心、诚心、善心做起，孝老爱亲、与人为善、真诚做人、守信做事。每个人都在社会文明的舞台上演主角、唱主戏，种德施惠，修身齐家，德量共进。人人实践，人人学好人，人人争当好人，人人成为文明风景，让凡人小善汇聚民族大善，自觉肩负道德责任，用爱国主义精神提升人生价值，凝聚崇德向善的正能量。坚持爱国爱党爱社会主义的高度统一，需要人们正确认识中国与世界的关系，在推动文明交流互鉴中提升人类视野和国际担当。爱国主义是不同时空境遇下世界各国人民共有的情感与精神，而实现世界和平与发展也是各国人民共同的愿望。我们要把弘扬爱国主义精神与扩大对外开放结合起来，尊重各国历史特点、文化传统，尊重各国人民选择的发展道路，善于从不同文明中寻求智慧、汲取营养，促进人类和平与发展的崇高事业，共同推动人类文明发展进步。

习近平总书记曾在纪念五四运动一百周年大会上指出："自古英雄出少年。在漫漫历史长河中，人类社会青年英雄辈出，中华民族青年英雄辈出。《共产党宣言》发表时马克思是30岁，恩格斯是28岁。列宁最初参加革命活动时只有17岁……"青年是整个社会力量中最积极、最有生气的力量，国家的希望在青年，民族的未来在青年。

今天，新时代中国青年处在中华民族发展的最好时期，既面临着难得的建功立业的人生际遇，也面临着"天将降大任于斯人"的时代使命。新时代中国青年要继续发扬五四精神，以实现中华民族伟大复兴为己任，不辜负党的期望、人民期待、民族重托，不辜负我们这个伟大时代，在实践中彰显青春力量，在青春中彰显爱国之心。

（指导教师：蒯世安、刘　怡）

弘扬爱国主义 做最美大学生

黎雅婷

“中华人民共和国公民：当你在海外遭遇危险，不要放弃！请记住，在你身后，有一个强大的祖国！”

你可曾看到过这样一段文字？它出现在我们中华人民共和国护照的背面。有人问：“我们为什么要爱国？”我想，这就是答案。

为什么要爱国？因为无论我们身处何方，面临着怎样的困境，祖国永远是我们最坚强的后盾，是我们最温暖的避风港。

电影《战狼2》让许多人热血沸腾，其中的撤侨片段更是让人印象深刻。但你可知，这是以利比亚撤侨事件为原型？你可知，真实事件要比电影中呈现出来的更燃，更激动人心？

2011年2月19日凌晨1点，华丰公司驻利比亚副总经理倪永曹突然向所有项目经理传达紧急通知：天亮之后，全部停工，首要任务是保护自身安全。是的，一场史无前例的暴乱就要来了……

几个小时后，北京朝阳区朝阳门南大街2号的一间办公室里响起了一阵急促的电话铃声，刚接通，就听见电话那头喊道：“在利中国公民遭遇袭击，数人受伤，请求外交部救援！”没错，这里是中华人民共和国外交部领事司，而接电话之人正是时任领事司司长的黄屏。

挂断电话，黄屏顿时意识到了事态的严重性，他当即向我国驻利比亚大使馆下达通知：火速确定中国公民在当地的位置，随时准备撤离。

2月22日早上8时许，一场十万火急的大型会议在中南海举行，会议当即决定：立即启动国家涉外突发事件I级响应。国务院更是一再强调："不惜一切代价，务必尽快将中国民众从危险中撤离。"

从2月23日开始，中国空军、中国海军以及中国民航全力奔赴利比亚，只用了275个小时，在利比亚的3万多名中国公民全部被安全撤回国内。目睹了中国撤侨全过程的一名美国记者后来感叹道："这不是撤离，更像是阅兵!"

列宁曾说过："爱国主义就是千百年来巩固起来的，人们对于自己祖国最深厚的感情。"我们的国家越来越强大，它守护着我们的人民，让我们免于战乱，幸福快乐地生活着。试问，这样赋予我们安全感的祖国，我们怎能不爱？

邓小平说："我们要以热爱祖国，贡献全部力量建设社会主义祖国为最大的光荣，以损害社会祖国利益、尊严和荣誉为最大的耻辱。"那么，作为青年大学生，我们该如何将爱国落到实处，做到知行合一呢？

作为新一代时代青年，我们没有"一路硝烟，一路烈火，一路鲜血"的经历，而是在新中国走向世界舞台中心的进程中成长起来的。那么我们该如何将爱国之心落到实处呢？

爱国，要爱党、爱人民、爱社会主义。"忘记过去，不但意味着背叛，意味着将来可能还要重复。我们今天中国共产党人，我们首先要完成的任务就是民族救亡，就是民族复兴。国家面临危难面临危亡，无人挺身而出无人横刀立马，都在蝇营狗苟时，中国共产党应运而生。"这是镌刻在天安门广场前人民英雄纪念碑上的三句话，它足以教会当代青年坚定党的领导，坚定以人民为中心，坚定中国特色社会主义共同理想。

爱国，要在练就真本领中展现青年担当。爱国不是流于口号与形式，需要到实践中“摔打”和历练。真正的爱国者，始终抱有强烈的主人翁意识，愿把每一个岗位都当作爱国的前线。身为高校学生，正如陶行知所言：“今天多做一分学问，多养一分元气，将来就能为国家多做一分事业，多尽一分责任”，也唯有此，方能为今后“撸起袖子加油干”加足马力，方能在新时代实现当代青年的人生价值和历史使命。

爱国，要在放眼看世界中彰显中国精神。“一花独放不是春，百花齐放春满园”，这是习近平总书记对于人类命运共同体的生动解读。在全球化加速的今天，国与国之间、不同文化之间的交流从未如此紧密，新冠肺炎疫情下的国际援助和帮扶就是最好的案例。其中，中国率先垂范，树立了积极帮助世界各国人民共同抗击疫情的良好形象，获得了许多国家的高度肯定和赞扬，充分彰显大国担当。而当代大学生践行爱国的最佳实践，便是培养海纳百川、开放包容的胸襟，正确把握中国与世界的发展大势，真正让世界了解中国，让中国走向世界。

最后，借用崔卫平教授的一句话与全体青年大学生共勉：“你所站立的那个地方，正是你的中国；你怎么样，中国便怎么样；你是什么，中国便是什么。你有光明，中国便不黑暗！”

（指导教师：邓明峰、王　丹）

让爱国“力”满格

史秋芬

我惊羡于“荡胸生层云，决眦入归鸟”的雄壮，也感叹“漫江碧透，百舸争流”的气魄；更酣醉于“暧暧远人村，依依墟里烟”的恬静，但在这茫茫天地中最可惊叹的，不是日月；最值得讴歌的，不是山川，而是爱国者！若无其，日月再辉煌，亦无人识；山河再壮，亦唯伶仃地焉。

辞别不平凡的2020，实“鼠”不易的满满回忆里，个人奋斗与家国情怀再次涌上无数人的心间。当各大卫视的跨年晚会里不再充斥着“小鲜肉”的劲歌热舞，当彩虹合唱团为“改革者”“创业者”高唱，当影帝视后为人民警察重现舞台，当“此生不悔入华夏”“致敬平凡人”在弹幕里刷屏……这些不约而同地响起的民族之声、时代之歌，让太多彼此不识、身处各方，却同样黄皮肤黑头发的中华儿女热泪盈眶，并让我们不由起立鼓掌。

这一年，柔中带刚的“中国精神”“中国力量”不仅绽放在了与病毒、洪灾、贫困抗争的第一线，绽放在了人类命运休戚与共的世界舞台上，更绽放在了每个国人的心里。

继往开来复兴路，盛世强国种花家。上下五千年的盛世繁华之中，太多隐姓埋名的前辈为这幅“惊天动地”的画卷静静泼墨，默默挥毫，如繁星点点铺就了华夏儿女走向2021的阶梯，照亮了党和人民迈向下一个百年的征程。“嫦娥奔月”“天问取火”的自豪背后是三代科研工作者的不眠奋斗，“乡村振兴”“共同富裕”的愿景背后是七百多万驻村干部的忘我攻坚，“抗洪救灾”“抗疫伏魔”的防线背后是千千万万白衣战士、解放军、志愿者义无反顾地逆行。他们在这一年的历史舞台上留下了浓墨重彩的一笔，唯独没有留下自己的名字，他们用平凡铸就伟大。英雄来自人民，每个人都了不起！

没有人是天生的英豪，是责任与担当、爱国与团结，让一群看似普通的人成了一个时代最璀璨的星光。德国诗人海涅曾说过，“谁不属于自己的祖国，他就不属于人类”。爱国主义从来都是所有集体情感中最深层、最根本、最永恒的一种感情，它深深地扎根于人的本能之中，激励着世界上所有民族、所有国家的人民自强不息、与时俱进。

今天，新时代中国青年处在中华民族发展的最好时期，既面临着难得的建功立业的人生际遇，也面临着“天将降大任于斯人”的时代使命。爱国不能停留在口号上，我们要时刻把自己的人生同民族的命运紧密联系在一起，扎根人民，奉献国家。当代青年要强化学习，提高本领，扎根人民，服务人民。

群众路线是我们党的生命线和根本工作路线。对于青年来说，要在理论中提升内涵，不断学习，强化自身理论知识和逻辑思维，透过现象悟本质，不断提高能力和水平。要在扎根人民中丰富经验，敢于并甘于服务基层，牢固树立群众观点，坚持群众路线，深入基层深入群众，自觉到党、国家和人民最需要的地方去，到条件艰苦的地方去，倾听民意、体察民情、磨炼意志、砥砺品格，为实现中华民族伟大复兴的中国梦贡献力量。

当代青年要勇当实现中华民族伟大复兴的先锋力量，以昂扬向上的奋斗精神、一往无前的拼搏精神、求真务实的精神攻坚克难，苦干实干，担起这个时代的重担。更要守底线，葆初心。中国共产党人的初心是："为中国人民谋幸福，为中华民族谋复兴"。那么我们青年的初心就是要坚定不移听党话、跟党走。我们要加强自我约束，检身正己，耐得住寂寞、挡得住诱惑、守得住底线、经得起考验。

李大钊先生说："为世界进文明，为人类造幸福，以青春之我，创建青春之家庭，青春之国家，青春之民族，青春之人类，青春之地球，青春之宇宙，资以乐其无涯之生。"我们应牢记之、践行之。广大青年要肩负历史使命，坚定前进信心，立大志、明大德、成大才、担大任，努力成为堪当民族复兴重任的时代新人，让青春在为祖国、为民族、为人民、为人类的不懈奋斗中绽放绚丽之花。

（指导教师：蒯世安、刘　怡）

爱岗敬业 奉献青春

王　惠

随着中国特色社会主义进入新时代，在以习近平同志为核心的党中央的坚强领导下，各级党委和政府把发展中医药摆在更加重要的位置，我国中医药事业取得了历史性发展。习近平总书记指出："中医药是中国古代科学的瑰宝，是中华文明宝库的钥匙。深入研究和科学总结中医药对于丰富世界医学事业，促进生命科学研究具有积极意义。"这一关于中医药工作的重要论述，充分肯定了中医药在人类文明史上的重大贡献，解决了长期困扰中医药发展的重大争议。中国共产党第十九次全国代表大会提出，坚持中西医并重，传承发展中医药事业，明确要把中西医摆在同等位置，互为发展，为实施健康中国战略服务。这为中医药在新时代的创新发展指明了方向，极大增强了广大中医药工作者发展中医药事业的信心和动力。

2020年春节，新冠肺炎疫情来势汹汹，全国上下打响疫情防控阻击战。初期，医疗资源不是很够，部分轻症患者在家里进行隔离治疗，但他们缺乏专业医疗能力，而且许多患者不方便到医院就诊买药，这时"互联网＋药学"服务就凸显出其独特价值，来自武汉的湖北省中西医结合医院药学部团队在疫情期间的工作经历，便折射出药师这个群体在新冠肺炎疫情特殊时期的职业担当与服务创新。他们在微信端上线左手医生开发的用药管家小程序，为患者提供免费的在线药学服务，利用技术手段提升服务线上患者的效率。该医院九名临床药师都大力支持使用线上工具，全员投入在线咨询工作。该药师团队阵容强大，分为感染、呼吸、心内、神内、肾内、中药等专业。为了对患者的用药指导考虑得更全面，他们经常进行跨专业交流，不断积累更新新冠肺炎的相关知识，突出了团队的整体优势。他们在整个疫情期间累计服务量达到四百余人次。

从疫情出现至今，药师一直默默坚守岗位，中国医科大学校友杨勇就是其中一员，在知道武汉急需呼吸和抗感染专业临床药师后，他就背上行囊，前往武汉，成为第一批支援武汉的临床药学专业人员，当记者问是什么支持他前往武汉，他说："受国家召唤，责无旁贷。"据了解，杨勇在自己的请战书中写道："祖国赋我重托，人民健康所系，我是药大人，我希望能从药学的专业角度出发探讨更合理的方案，为武汉疫情防控出一份力。"这就是我们中国药师的职业担当与爱国情怀。在疫情面前他们舍小家、为大家，因为国家和人民的需要，义无反顾地奋战在抗疫一线。

作为一名合格的执业药师，应当具备以下三个条件。第一，要具备丰富的专业知识及相关知识。只有这样，才能提供优质药学咨询服务，正确指导医师合理用药和患者用药，从而保证用药安全有效。要想提高、丰富自己的专业知识，就要刻苦钻研业务，不断更新知识，及时掌握最新药学理论技术知识法律知识，不断提高执业水平，多渠道广泛搜集有关药学信息，掌握最新科研成果，对技术应精益求精，用最优的专业技术服务于患者。第二，要有高度责任心和使命感。药品是一种特殊商品，药品的质量直接影响公众生命的健康，从而也决定了药师职业活动的特殊性。药师职业活动担负着维护人民健康的特殊使命，与人的生命质量和生活质量息息相关，这也决定了执业药师要对工作事业极端负责，对技术要精益求精，一切执业活动要围绕患者展开。执业药师的责任是管理和保证药品质量和药学服务质量，审查监督医生处方，管理处方调配，保证用药安全。因此，执业药师在从事药学职业活动的每一个环节，都要认真负责、一丝不苟。第三，执业药师要树立正确的职业道德观念。药学职业道德是指导我们思想工作的规范，是人们在从事药学职业活动中形成的行为规范，药学职业道德的原则是保证药品质量第一，保证人体用药安全，维护患者用药的合法权益，因此执业药师一定要树立正确职业道德观，提高道德水准，自觉用道德规范指导约束自己的行为，关心体贴患者，给患者亲人般的温暖，树立以患者为中心，全心全意为人民服务的宗旨。爱岗敬业，文明礼貌，尽职尽责。

医药行业是一个庞大的系统，从研发到生产，从销售到临床用药，其目的是预防和治疗疾病，从而保障人们的健康和病人的生活质量。所以，药学专业人员要热爱药学事业，忠于药学事业，既然当初义无反顾地选择了药学这个专业，就要把药学学精学透，才能学以致用。药学工作范围广泛，药学工作者要热爱自己的工作，恪尽职守，为药学行业，为病人的健康无私奉献，为医药事业而不懈奋斗！

（指导教师：江　英、李相南）

将爱国主义植于心践于行

阚昊祎

爱国主义是什么

爱国主义是指个人或集体对祖国的一种积极和支持的态度，揭示了个人对祖国的依存关系，是人们对自己家园以及民族和文化的归属感、认同感、尊严感与荣誉感的统一。基于不同的历史条件，爱国主义具有不同的时代特征和外在表达，但其本质属性始终不变的。新时代下，爱国主义的本质主要表现为对国家、政党、社会主义三要素复杂逻辑关系的正确把握。就其内涵而言，这三者的有机统一符合理论逻辑的一般要求；就其外延而言，这三者的有机统一与我国革命、建设、改革的伟大实践相契合，从而成为真正意义上的、社会主义的爱国主义。

我们为什么要爱国

我们生活在这个世界上，都要从社会中获取生存发展的物质条件，都要寻求慰藉心灵的精神家园，这一切都依赖于祖国。大河无水小河干，没有国哪有家，没有家哪有我们，这正是最深刻的爱国理由。国家是小家的寄托，国家是物质利益的寄托，更是精神家园的寄托。所以说，爱国是每个人都应当自觉履行的责任和义务，是对祖国母亲的报答。中华民族是富有爱国主义光荣传统的伟大民族，爱国主义是中华民族最深厚的思想传统，是动员和鼓舞中国人民团结奋斗的一面旗帜，是我国社会历史发展的巨大力量，是各族人民的精神支柱。

新时代青年如何将爱国主义植于心

爱国，是人世间最深层、最持久的情感，是一个人立德之源、立功之本。它扎根在亿万同胞的血肉里，深藏在中华民族伟大复兴的理想里。爱国不是一句口号，而是一种情怀和担当。爱国志士秋瑾说：“但凡爱国之心，人不可不有，若不知本国文字、历史，即不能生爱国之心也。”学习历史，知我中华，是升华爱国情感的基础。要学习中华民族建设祖国家园、创造灿烂文明的历史；学习中华民族反抗外来侵略、捍卫国家主权的历史；学习中华民族反对民族分离、维护祖国统一的历史；更要学习和了解当代建设社会主义现代化国家的实践。学习历史，就会为祖国的今天而骄傲，为祖国的明天而奋进。习近平总书记指出，当代中国青年是与新时代同向同行、共同前进的一代，生逢盛世，肩负重任。广大青年要爱国爱民，从党史学习中激发信仰、获得启发、汲取力量，不断坚定“四个自信”，不断增强做中国人的志气、骨气、底气，树立为祖国为人民永久奋斗、赤诚奉献的坚定理想。广大青年只有与时代发展同心同向，才能激发出最强劲的奋斗力量，绽放出青春最美的光芒。让爱国主义精神根植于年青一代心底，能更好地振奋民族精神、凝聚全民族力量，实现中华民族伟大复兴。

新时代大学生如何将爱国主义践于行

当代青年要肩负起历史赋予的重任，就必须化爱国之情为报国之行，刻苦学习，锤炼自己，把满腔的爱国热情化为报国之行。成才是青年人的追求和渴望，也是祖国和时代的需要和呼唤，要科学地确立成才的目标和方向，做祖国现代化需要的人才，面向世界、面向未来、面向现代化，勤奋学习，掌握知识，提高能力。要敢于向已有的科学成果挑战，敢于向未知的新领域进军，勇敢地去实践。对国家、对人民有强烈的爱心；对社会主义建设事业有强烈的责任感；对人生，积极奋发，不消极颓废，不得过且过；对学习，求知欲望强烈，勤奋刻苦，有创新精神，有自信心；对工作，奋斗目标明确，意志坚定；对他人情操高洁，易于合作，有团队精神。要有良好的身体素质。健康的体魄是人才成功的关键，只有身体健康，精力充沛，才能从事紧张的、艰苦的创造性劳动，才能攀登事业的高峰。健康的体魄在人才成长与成功的过程中起基础性作用，每一个立志成才者，对这一因素决不可忽视，不仅要坚持经常性的体育锻炼，还要积极参加有利于身心健康的文体活动。如果只有爱国热情，而不付诸行为去实现，一切都将是纸上谈兵。我们只有成为一个有感情、有思想、有行动的忠诚爱国者，从自我做起，从当下做起，从小事做起，以实际行动践行爱国主义，坚持伟大理想，坚持刻苦学习，坚持艰苦奋斗，坚持开拓创新，才能真正地践行爱国主义。

习近平总书记指出，新时代中国青年要听党话跟党走，胸怀忧国忧民之心，爱国爱民之情，不断奉献祖国、奉献人民，以一生的真情投入一辈子的顽强奋斗来体现爱国主义情怀，让爱国主义的伟大旗帜始终在心中高高飘扬。作为新时代青年，我们是极其幸运的，因为我们比历史上任何时期都更接近中华民族伟大复兴的目标。新时代的青年们，去奋斗吧！去实现自己的梦想吧！

（指导教师：杨才宽、项银霞）

新时代大学生如何践行爱国主义

谢晓桐

爱国主义指个人或集体对祖国的一种积极和支持的态度，揭示了个人对祖国的依存关系，是人们对自己家园以及民族和文化的归属感、认同感、尊严感与荣誉感的统一，是一种崇高的思想品德。

习近平总书记指出："当代中国，爱国主义的本质就是坚持爱国和爱党、爱社会主义高度统一。"只有坚持爱国和爱党、爱社会主义相统一，坚持党的领导，为实现中国梦贡献力量，爱国主义才是鲜活的、真实的。

近些年，随着经济全球化的发展，各种文化思潮相互交融，也出现了一些"伪爱国主义"，如爱国过时论、强势爱国论、爱国但不认同社会主义等。

我认为，爱国过时论没有看清经济全球化的实质，夸大并美化了经济全球化。经济全球化是一把双刃剑，不能因为它给我们的经济发展带来利益我们就抛弃了危机意识。当今世界，和平与发展是时代主题，国家之间互利共赢是最好的发展模式，经济全球化与爱国主义并不相悖。而爱国但不认同社会主义的认识就更不正确了，在当代中国，爱国主义的实质就是爱国爱党爱社会主义相统一，这种错误认识脱离了我国社会主义制度的本质而空谈爱国。

热爱祖国是立身之本、成才之基。就像孙中山先生说的那样，做人最大的事情，就是要知道怎么样爱国。习近平总书记在北京大学师生座谈会上的讲话中，对广大青年提出“要爱国，忠于祖国，忠于人民”“要励志，立鸿鹄志，做奋斗者”“要求真，求真学问，练真本领”“要力行，知行合一，做实干家”的要求，希望新时代的中国青年时刻将爱国和奋斗紧密结合起来，脚踏实地做意志坚定的爱国者和永不停歇的奋斗者。作为医学生的我们，自觉践行爱国主义应做到以下几点。

第一，爱国、爱党、爱社会主义，为实现中华民族伟大复兴的中国梦贡献力量。第二，自觉承担起作为一位中国公民的责任，坚决地维护国家统一与民族团结，维护国家的荣誉、利益与安全，做维护民族团结和社会稳定的践行者。第三，要求真，求真学问，练真本领。在学校里，我们应该尊师重道、踏实学习、刻苦钻研、孜孜不倦，在不断积累中提高自己的学识修养。实践是检验真理的唯一标准。作为医学生，我们应该“早临床、多临床、反复临床”，在临床实践中反思和积累，提高自己的专业素养。时刻牢记自己学医的初心：竭尽全力除人类之病痛，助健康之完美，维护医术的圣洁和荣誉。在以后的工作中，我们也要做到：献身医学，热爱祖国，忠于人民，恪守医德，精益求精，全面发展。救死扶伤，不辞艰辛，执着追求，为祖国医药卫生事业的发展和人类身心健康奋斗终身。

人民有信仰，国家有力量，民族有希望。从小我们就从先辈的光辉事迹中汲取营养，接受爱国主义的教育。在日常生活中，也不断地有先进模范事迹涌现。我们应该自觉地接受这些爱国文化的熏陶，树立正确的世界观、人生观与价值观。

新时代的中国青年正处在中华民族发展的最好时代，既面临着难得的建功立业的人生际遇，也面临着“天将降大任于斯人”的时代使命。我们要让爱国主义的种子在心中扎根，就像习近平总书记说的那样“要培养爱国之情、砥砺强国之志、实践报国之行，让爱国主义精神代代相传、发扬光大”。

大学生要做爱国主义最坚定的弘扬者和实践者，树立爱国奋斗的坚定理想信念，努力提高知识水平和实践能力，将爱国主义铭于心，践于行。

（指导老师：杨才宽、项银霞）

青春献礼共产党 奋斗铸就中国梦

范　政　马海伟

人生最美好的时光莫过于青春。她激情、美丽、充满希望，最重要的是，青春怀揣着最自由广阔的梦想，梦想让青春生动。青春，因梦想而绚丽，因奋斗而精彩。青春是生命中风华正茂的多彩花季，是打牢人生根基的黄金时期，是成就美好梦想的萌生时节。

现代中国的青春记忆从五四运动开始，它拉开了中国新民主主义革命的序幕，是中华民族追寻伟大复兴的重要历史起点。“爱国、进步、民主、科学”的五四精神，成为凝聚人民力量、引领时代进步、照耀复兴之路的思想灯塔。从那时起，广大爱国青年积极探索新的救国之道，最终在中国共产党的团结带领下踊跃投身革命、建设、改革事业，用智慧、激情、热血报效祖国、砥砺奋进，抒写了可歌可泣的青春之歌，镌刻下永不磨灭的历史印记。

前不久，热播电视剧《那些年，我们正年轻》，讲述了“两弹一星”研发中几位大学生义无反顾投身国防建设并奉献一生的故事，获得如潮好评。跨越时空，超越个人，在不同时代的青春中引来共鸣的，正是“奋斗”二字。

在全国教育大会上，习近平总书记强调：“要在培养奋斗精神上下功夫，教育引导学生树立高远志向，历练敢于担当、不懈奋斗的精神，具有勇于奋斗的精神状态、乐观向上的人生态度，做到刚健有为、自强不息。”让奋斗成为青春的底色，在个人成长中注入拼搏的精气神，坚定其脚步、强健其精神，这是教育立德树人的重要环节，也是培养社会主义建设者和接班人的重中之重。

心里有远方，才能一路风雨兼程。年轻人成长过程中，志存高远是进步的根本动力。立鸿鹄志，做奋斗者。不管是伏案苦读的大学生，还是扎根基层的青年村干部，抑或是流水线上的产业工人，把人生志向转化为奋斗动力，就能在成长中听到拔节的声音，看到雨后的彩虹，收获自己的人生精彩。

有小梦想，更要有大志向。新时代青年身处“两个一百年”奋斗目标的历史交汇期，身处中国日益走近世界舞台中央的大时代，要把人生梦想汇入时代洪流，让蓬勃青春与家国情怀共振，在复兴征程中找到建功立业的舞台。前景光明，征途豪迈，不奋斗，何以谈青春，何以谈梦想？

中华民族从苦难走向辉煌的复兴进程，饱含无数爱国青年忧国忧民的赤子情怀。“青年者，国家之魂”。他们是中华民族历经艰险而始终屹立的重要支柱，是华夏儿女遭遇逆境却决不退缩的活力之源。一代代进步青年用不懈奋斗书写精彩人生，激励、启迪着后来人接过历史的接力棒，把美好的青春投入民族复兴的伟大事业中，在推动国家发展进步中建功立业、收获精彩。一代人有一代人的长征，一代人有一代人的使命。新时代的中国青年生逢中华民族发展的最好时期，拥有更优越的发展环境、更广阔的成长空间，面临着建功立业的难得人生际遇，更应从前辈手中接过梦想与使命的接力棒，在青春的赛道上奋力奔跑，跑出当代青年的最好成绩。

正如习近平总书记所说：“中国梦是历史的、现实的，也是未来的；中国梦是我们这一代的，更是你们青年一代的。”新时代中国青年要把个人梦融入中国梦中，怀揣为国奉献、改变世界的情怀。一滴水汇入大海才不会干涸，无数个青年梦集结，才能有中华民族伟大复兴的中国梦，才能让个人与国家实现同频共振，汇聚起奋斗新征程的无穷力量。

（指导教师：邓明峰、王　丹）

树爱国之心 立报国之志

黄金龙 严从政

她有五千多年的悠久历史、四大文明古国的美誉、宏伟壮阔的文化、九百六十多万平方公里广阔山河，她就是我们的祖国。

回望新中国成立七十年的历史，一代又一代中华儿女在各自领域挥洒汗水、努力奔跑，凝聚起一个民族的奋进力量；千千万万普通人爱岗敬业、无私奉献，为祖国建设发展矢志奋斗。七十年披荆斩棘，七十年风雨兼程。中国特色社会主义各项事业取得的巨大进步，见证了奋斗者的铿锵足音，标注着接续奋斗的伟大征程。习近平主席在二〇二〇年新年贺词中强调，“我们为共和国70年的辉煌成就喝彩，被爱国主义的硬核力量震撼。阅兵方阵威武雄壮，群众游行激情飞扬，天安门广场成了欢乐的海洋。大江南北披上红色盛装，人们脸上洋溢着自豪的笑容，《我和我的祖国》在大街小巷传唱。爱国主义情感让我们热泪盈眶，爱国主义精神构筑起民族的脊梁。这一切，汇聚成礼赞新中国、奋斗新时代的前进洪流，给我们增添了无穷力量。”中华民族精神的核心爱国主义，激励了世世代代的中国人为祖国的发展和繁荣而不懈奋斗。五千多年来，中华民族之所以能够经受住无数难以想象的风险和考验，始终保持旺盛的生命力，生生不息，薪火相传，同中华民族所拥有的深厚持久的爱国主义传统密不可分。新中国成立七十年来，我们党领导人民创造了世所罕见的经济快速发展奇迹和社会长期稳定奇迹，书写了一部感天动地的奋斗史诗，爱国主义始终是高昂的主旋律，始终是激励我们奋斗进取的强大力量。

爱国从来不是抽象的，它包含着丰富的内容，而且在每个时代都有不同的要求。今天，身处中华民族伟大复兴的关键时期，面对世界百年未有之大变局，我们该如何爱国？爱国之心，报国之志，重在践履、贵在行动。发展迅速的新世纪，呼唤着敢于创造拼搏的新一代，作为新时代青年要有新标准新信念。习近平总书记曾指出，作为新时代青年，我们“生逢其时，也重任在肩”指明了当代中国青年的时代坐标和历史社会责任。

新时代青年要树立新追求。要深入学习习近平新时代中国特色社会主义思想，做一个坚定的青年马克思主义者。基层是青年锻炼意志品质的最佳课堂，不积跬步无以至千里，不积小流无以成江海，从平时做起，重视自我锻炼，深知国情，丰富智慧，增长技能，致力于走出完美的人生历程，做一个有价值的人。人格的培养不应当仅仅局限于学校，更应该联系到社会。我们曾有幸参加到2019脱贫攻坚第三方监测评估工作中，发现基层对于国家发展的重要性不言而喻，对于我们新青年来说是磨炼意志的第一课堂和增长才干的丰富沃土。

新时代青年要敢于迎接新挑战。新时代，我们既面临更多的机遇，也面临更大的挑战。不惧困难，不贪图安逸，勇于探索，敢闯敢拼，攻坚克难是青年一代面对新挑战应有的责任和担当。青年时期是一个人的黄金奋斗年龄，要耐得住寂寞，不轻言放弃，始终保持艰苦奋斗精神，抓住这一宝贵时机，敢于迎接新挑战、闯出新干劲、做出新成效。新时代青年，要保持“初生牛犊不怕虎”的劲头，不懂就学，不会就练，没有条件就努力创造条件，要脚踏实地，做到扎根一线创业、立足岗位建功，到最艰苦的地方去，扎根基层，深入群众，辛勤耕耘，埋头苦干，把艰苦奋斗作为一种精神追求，时刻与改革发展大局同呼吸、共命运，勇做新时代的弄潮儿，让青春在担当作为中闪光，让人生价值在奋斗中实现。

新时代青年要勇担新使命。站在两个一百年历史交汇点，新时代青年要谨遵殷切嘱托，牢记百年初心，勇担时代使命，为实现中华民族伟大复兴奋勇前进。中华民族的伟大复兴绝不是轻轻松松敲锣打鼓就能实现的，当今中国比任何时候都需要青年担起重任，担起新的使命。要实现中华民族的伟大复兴必须准备付出更为艰巨、更为艰苦的努力，新时代下的新青年要在实现民族复兴的伟大实践中锐意进取，锲而不舍，驰而不息，百折不挠，书写人生华章，铸造中国辉煌；应带着时代的期望、牢记殷殷嘱托、带着最初的使命，在风雨中飞翔，在拼搏中熠熠生辉。

（指导教师：郭　跃、王　丹）

浅谈当代大学生的爱国观

武福娣

爱国的意思就是热爱自己的国家。爱国是公民必须拥有的道德情操，是中华民族最重要的传统，也是社会主义核心价值观最主要的部分。爱国主义是各族人民重要的精神支柱。新时代青年大学生正处于中华民族伟大复兴战略全局和世界百年未有之大变局中，人生发展黄金期与民族复兴关键期历史性叠合在一起，打上了“复兴一代”“强国一代”的鲜明烙印。新时代青年大学生要成为名副其实的“开路先锋”“事业闯将”，就要用心思考和回答如何更好爱国这一“青春之问”。但在当今社会，由于各种原因，部分大学生在思想上对爱国存在着一定的误区。

误区一：“口头”爱国

当代大学生生活在中国经济迅速发展、物资供给丰富的时代，物质社会的高速发展在给人们生活提供便利的同时，也在某些方面侵蚀着人们精神的世界。而当代部分大学生容易感到空虚、缺失幸福感，缺乏团结奋斗、吃苦耐劳的精神。他们平时过于追求自我，很少关心国家大事，却时常将爱国挂在嘴上。某些人转发的言论的最后都有一句“不转发不是中国人”，这种流于表面的爱国行为大可不必大肆宣扬。对许多人来说，爱国并不是一定要做出轰轰烈烈的壮举，而是体现在日常生活的点滴小事中。当代部分大学生小事怕吃苦，大事怕担责，最终导致他们的爱国意识比较淡薄，爱国行为也落不到实处。

误区二：盲目排外

在经济全球化的时代背景下，各国经济、文化、政治往来密切，有一些“愤青”以“爱国”为口号，拒绝一切外来商品及文化。他们认为中华民族是最伟大的民族，仇恨西方国家。2012年9月，“钓鱼岛事件”爆发，全国各地群情激奋，人们一时间游行示威，抵制日货。朴素的爱国之情没有错，只是很多人并没有真正明白是怎么回事，就加入到了游行队伍中，他们过激的行为，不仅使自己的名誉受损，更是抹黑了中国的形象。任何汹涌的不顾一切的所谓的爱国情绪，只会适得其反。

要把与爱国相连接的感情与理智串联起来，从岗位做起，从身边做起，做到爱每一个人才有资格谈爱国。我们要直面当下形形色色的“爱国”言行，培养并有效表达理性爱国情感，将其转化为忠诚国家、推动发展、和谐社会、对外友善的实际行动，维护国家安全与利益。

误区三：道德绑架爱国行为

古有“人生自古谁无死，留取丹心照汗青”的文天祥，近代有“苟利国家生死以，岂因祸福避趋之”的林则徐，现代有“独有英雄驱虎豹，更无豪杰怕熊罴”的毛泽东，他们是不同的时代背景下，千千万万个爱国人士的代表。当下也有许多的爱国人士，其中有为国家作出巨大贡献的人，也有着无数个在自己岗位上兢兢业业做好本职工作的人。

但不知从何时起，网络上出现了一些利用道德绑架爱国行为。例如，有部分人要求明星在国家危难之时必须捐大款，否则就认为他们就是不爱国，这样的评论在网络上异常猖獗。当新冠肺炎席卷全国时，有些网友却抨击一些明星捐款太少，还在相关视频下发表一些“你捐了多少”等讽刺言论。这种道德绑架的行为是不可取的。其实，在危急时刻，每个人做好自己应该做的事可以了，尽力就是爱国。

那么当代大学生应该怎样做才是真正爱国呢?

大学生要做爱国担当的成就者，要担当起创新求实、科技强国的时代重任。一方面要树立刻苦求知的正确态度，踏实学习科学文化知识，要在大学有限的学习时间内尽可能多地掌握现代文明和技术的成果，要学会将创新精神同科学严谨的态度结合起来，要在畅想未来与继承发扬中找到新的切入点和努力方向。另一方面要拥有海纳百川的胸怀，学会以开放包容的态度广泛地吸取其他国家的先进技术与先进知识，在全球一体化的背景下，既要保持我国的独立创新，也要从根本上拒绝“闭门造车”。爱国主义就是要有担当作为。

大学生要做爱国担当的推动者，要继续发扬团结奋斗的民族精神。无论是民族革命还是近代改革开放以来的跨越式发展，都离不开所有中国人民的团结奋斗。当下，中国特色社会主义进入新时代，在中国梦实现的关键时期，大学生应该率先垂范，紧紧围绕在以习近平同志为核心的党中央周围，立足于国家发展需要，加强对中国特色社会主义道路的认同，增强对中华文化的自信，把团结书写在对国家政策安排的支持上，把奋斗书写在担当历史使命，争做时代建设的推动者上。青年大学生是国家的希望、民族的未来，肩负着民族复兴的大业，青年大学生要将个人梦想与中国梦紧密结合，将个人梦想的实现融入中华民族伟大复兴的中国梦中，坚定理想信念，立长志、做大事。要时刻保持昂扬斗志，奋发有为，积极进取，勇于创新，刻苦钻研；要知行合一，敢为人先，引领社会主义新风尚。青年大学生要抓住时代机遇，勇立时代潮头，不负时代赋予的使命担当，敲响新时代青年大学生的最强音，为实现中华民族伟大复兴的中国梦不懈奋斗。

（指导教师：梁祥凤、王　杰）

中医院校学生如何爱国

李韦国

2019年10月1日，是中华人民共和国成立七十周年纪念日。七十年间，祖国发生了翻天覆地的变化，七十年风雨兼程、岁月峥嵘，七十年初心不改、砥砺前行。朋友圈里都是大家的爱国之言，宿舍楼里，抬头便可望见鲜艳的五星红旗迎风飘扬。爱国在此刻已经成了一种潮流。站在红旗之下，我不禁思考，到底什么是爱国？

有些同学可能会认为，爱国这个词太高大上了，离我们太遥远了，不知道从哪里入手。其实不然，爱国就在我们的身边，与我们每个人息息相关。农民种好地，老师上好课，我们每个人做好自己的本职工作就是在为这个国家的发展添砖加瓦，就是在爱国。

作为一所中医药高校的学生，我认为爱国可以从以下三个方面去做。

第一，坚定中医文化自信。这实际上就是树立一种精神与理念，建立一种思维与觉悟。而这种存在于精神思想层次的信念，不是盲目迷信地尊经崇古，更不是夜郎自大的自卖自夸，而是在全面学习、客观观察、实践验证基础上产生的充分认知，进而形成的坚定自信。中医药跨越五千年的中华历史，其浩如烟海的文献典籍，博大精深的思想理论，百花齐放的各家学说，悬壶济世的大医精神，使其在历史长河中一直永葆青春并不断焕发新的光彩。早在2010年，时任国家副主席习近平在出席澳大利亚皇家墨尔本理工大学中医孔子学院授牌仪式时就指出：“中医药学凝聚着深邃的哲学智慧和中华民族几千年的健康养生理念及其实践经验，是中国古代科学的瑰宝，也是打开中华文明宝库的钥匙。”这一重要论述揭示出：中医药蕴含着博大精深的中华传统文化精髓及硕果累累的中国古代科学成果，是历代医家在认识生命、自然及防病治病中所形成的原创的、独特的、极具生命力的医学体系。在数千年的发展历程中，中医药在中华传统文化和哲学的影响下创造并积淀形成了丰富的医学理论与实践经验，其天人合一、藏象合一、形神合一的整体观念，司外揣内、见微知著的诊断思想，阴平阳秘、和合致中的调理特色，勿待渴而穿井、斗而铸锥的“治未病”理念等，无不是将源远流长的中华传统文化哲学果实融汇转化为自身特色鲜明的理论体系，并进一步丰富和扩展了中华传统文化的深刻内涵，成为中华传统文化传承的重要载体，更成为推动当代中华文化复兴的重要支撑。中医药悠久的历史积淀是坚定中医文化自信的牢固基石。

第二，努力学习中医知识，弘扬优秀中医文化。大儒张载曾有言：“为天地立心，为生民立命，为往圣继绝学，为万世开太平。”作为安徽中医药大学的学生，我们有责任和义务学习中医知识、弘扬中医文化。新冠肺炎疫情发生以来，党中央、国务院多次强调坚持中西医结合治疗，全国多地也积极发挥中医药防疫治病特色优势。国家中医药管理局的数据表明，全国中医药参与救治新冠肺炎确诊病例超八成。国家中医药管理局推荐的“清肺排毒汤”在4个试点省份用于确诊病例救治，总有效率达90%以上。中西医结合救治“组合拳”，成为此次疫情救治的一大特色，有效降低了轻症变重症、重症变危重症的发生率，提高了治愈率。传统的中医药，在抗击新冠肺炎疫情中再立新功。长久以来，中医药始终守护着国人的健康，发挥着不可替代的作用，尤其在突发性、流行性疾病的防治中，中医药也具有独特优势。注重把握疫病的演变规律，“观其脉证、知犯何逆、随证治之”，决定了中医能够在第一时间发挥作用。而“辨证论治”强调因人、因时、因地制宜，根据不同的人、地理环境、季节气候特点调整治疗策略，一人一方，量身订制，更适合个人的体质，抗击疾病更加精准。再加上针灸、穴位贴敷、中药泡脚、八段锦等中医辅助疗法，能够有效疏通气血、缓解疼痛、提高免疫力，有助于病患康复。无论是抗击非典，还是此次新冠肺炎战“疫”，一次次的实践证明，中医药在疫情防治方面作出了重要贡献。中医药不仅是科学，也是文化，需要传承，更需要发展。作为中医药大学学生的我们，我们应该努力地学习中医文化，让自己变得更好，让中医药事业变得更好。

第三，把握时代脉搏，争做新时代弄潮儿。马克思说：“青春的光辉，理想的钥匙，生命的意义，乃至人类的生存、发展……全包含在这两个字之中……奋斗！”历史上，有志青年从来不是时代的过客、看客，而是担负使命、扛起责任的先锋和实干家。中国特色社会主义新时代是奋斗者的时代，也是新时代的弄潮儿以青春之我、奋斗之我踔厉奋发、勇毅前进的时代。新时代的中国青年生逢其时、重任在肩，施展才干的舞台无比广阔、实现梦想的前景无比光明。北斗卫星团队核心人员平均年龄36岁，量子科学团队平均年龄35岁，中国天眼FAST研发团队平均年龄30岁……这些新时代的弄潮儿敢为人先、敢于突破，以聪明才智贡献国家，以开拓进取服务社会。在新时代的每个领域、各条战线，还有许多这样的弄潮儿争当伟大理想的追梦人，争做伟大事业的生力军。从脱贫攻坚的战场到科技攻关的岗位，从抢险救灾的前线到疫情防控的一线，从奥运竞技的赛场到保卫祖国的哨所，广大新时代青年用青春的智慧和汗水践行“请党放心、强国有我”的誓言，在紧跟时代、奉献时代中成就自我。

七十载风云激荡，狭缝求索；三千里雷霆失色，龙腾星河。在过往的生命旅程中，我与中国一同成长、追梦，也明白了自己身上应该承担的使命。此生不悔入华夏，来世还做中国人。世上有朵美丽的花，那是青春吐芳华；世上有朵英雄的花，那是青春放光华。我为祖国献青春，愿我们的祖国花团锦簇，蒸蒸日上，让我们携手共谱这盛世华章。

（指导教师：周　娟、王　杰）

弘扬爱国主义 做当代大学生先锋

刘思华　刘传翠　王　凯

爱国主义体现了人民群众对自己祖国的深厚感情，反映了个人对祖国的依存关系，是人们对自己故土家园、种族和文化的归属感、认同感和尊严感、荣誉感的统一。它是调节个人与祖国之间关系的道德要求、政治原则和法律规范，也是民族精神的核心。大国与小家相互依存，二者不可割裂，没有国就没有家，没有家又哪里来的个人。国家是小家的寄托，更是人民的寄托；国家是物质利益的寄托，更是精神家园的寄托。所以，我们把祖国比作“母亲”，失去了母亲，我们就是一个流浪儿，没有任何尊严和荣誉可言。爱国主义是每个人都应当自觉履行的责任和义务，是对祖国的报答。

爱国主义应当是自发的，发自内心地爱护同样来自祖国的同胞与大好山河；发自内心地对祖国优秀文化传统感到自信与自豪；发自内心地为维护国家的主权、安全和领土的完整作出贡献。爱国主义是中华民族的光荣传统和崇高美德，也是中国各民族大团结的政治基础和道德基础。中华民族在几千年的历史中形成了以爱国主义为核心的团结统一、爱好和平、勤劳勇敢、自强不息的伟大民族精神。这是我们民族赖以存在、发展的情感纽带与精神支柱。现阶段，爱国主义最基本、最本质、最重要的表现，就在于不遗余力地巩固最广泛的爱国统一战线，为维护祖国统一，加强民族团结，构建和谐社会，为实现中华民族的伟大复兴而作出自己的贡献。

一直以来，爱国主义精神都是一面鲜明的旗帜，引领着全国各民族人民努力奋斗，从而推动着国家、社会不断地发展与进步。回顾历史，多少民族英雄为了国家的发展抛头颅、洒热血，这些英勇的事迹会被我们永远铭记。近代以来，又有多少各领域的优秀人才为了祖国的建设，放弃国外优越的生活而毅然回国，这些爱国的事迹将永远鞭策着我们不断地去奋斗，努力成为祖国的栋梁之材。

习近平总书记强调，世界的未来属于年轻一代。而作为这年轻的一代，我们应当如何践行爱国主义精神呢?

践行爱国主义精神最重要的就是要有坚定的政治方向，我们要拥护中国共产党的领导，坚定不移地走社会主义道路，把自己的学习和工作同国家的前途和人民利益相结合，遵纪守法，抵制各种错误思想的侵蚀。

有的人狭义地理解爱国主义就是爱自己的祖国，不做有损祖国的事情，但这仅仅只是最浅层次的爱国主义，更深层次的爱国主义至少还应该要包括努力提高自己的专业能力，努力发展自我，成长自我，做一个对社会对国家有用的人。这需要靠千千万万的人共同努力，而大学生就是其中的重要群体。大学生要想做到知行合一，还必须要努力学好科学文化知识，努力提升专业能力，今后走上社会才能做一个堪当民族复兴大任的时代新人。作为制药工程学生，我们应当了解制药工程的意义；我们需得勤奋学习，掌握知识，提高自己的能力；我们更应勇于实践、敢于探索，将爱国一点一点地落到实处。目前我国药物研发事业的发展还面临很多困难，作为新一代的我们，一定要为中国的药物研发事业尽自己的一份力。

（指导教师：周　娟、王艺伟）

我与祖国共成长

郑国英　陈荣荣

生活中，我们常常提到“成长”二字，也时常会说我们的父母、朋友、老师陪伴我们成长，但我们却很容易忘记一个与我们共同成长的对象——祖国。2019年，是新中国成立七十周年。七十年来，在中国共产党的坚强领导下，全国各族人民团结一心，迎难而上，开拓进取，奋力前行，从封闭落后迈向开放进步，从温饱不足迈向全面小康，从积贫积弱迈向繁荣富强，创造了一个又一个人类发展史上的伟大奇迹，中华民族迎来了从站起来、富起来到强起来的伟大飞跃，正阔步走在中华民族伟大复兴的新征程上。

我们有幸生活在这个和平的年代，又该如何与祖国共同成长呢？

鲁迅用笔剑和才情与祖国共成长。1902年，他以优异的成绩毕业后到日本医学校求医。受资产阶级民主革命浪潮的影响，他义无反顾投身于反清革命的洪流中，立下了“我以我血荐轩辕”的誓言。然而，在有感于同胞的愚弱，认识到改变国民思想的重要性后，他毅然弃医从文，以笔代戎。鲁迅认为，中国的问题在于人、在于精神、在于个性，要“立国”，必先“立人”，而“立人”的关键，在于个性的觉醒与精神的振奋。他回到祖国任教，培养青年，写出“横眉冷对千夫指，俯首甘为孺子牛”的名句，表达了为人民服务不辞辛苦的大无畏精神，并为此奋斗一生。

邓稼先以敬业和忠诚与祖国共成长。1979年，在一次航投试验原子弹坠地被摔裂时，他抢先上前将它抱回基地检验，之后妻子强拉他去医院检查，结果发现，他的小便中带有放射性物质，骨髓里亦是。但即使这样，他依然兢兢业业。随着时间的推移，他行动艰难，却不顾同事们的反对，坚持去装雷管，并语重心长地对周围的人说道："你们还年轻，你们不能去！"1985年，他拖着油尽灯枯的身躯回到北京，仍心系核试验会议，最后只能无奈地倒在病床上，无心旁人安慰，只平静地说："我知道这一天会来的，但没想到它来得这样快。"

钟南山用学识和责任与祖国共成长。2003年暴发"非典"，在医疗资源和研究设备不足的情况下，他不畏病毒，始终战斗在第一线。时隔十七年，2020年伊始，新冠肺炎疫情暴发，人心惶惶，他再一次"出关"。他告诫全国百姓"没什么事，别去武汉"，自己却在本该团圆的日子里奔赴战场，与病毒"厮杀"。耄耋之年，他却不见一丝服老的迹象，依旧和年轻的医护人员一起彻夜拼搏，不见半点落后，他还自谦说："其实，我不过就是一个看病的大夫。"

国家发展强大的每一步都少不了他们的身影，他们在用自己的方式表达爱国，与祖国共成长。作为一名普通的大学生，也许我们不像鲁迅、邓稼先、钟南山那样伟大和坚毅，但我们要有这个年纪该有的热血！作为一名新时代的医学生，应当时刻要求自己：第一，心怀仁爱。在今后的行医历程中，怀着一颗仁爱之心尊重患者，帮助患者。第二，肩扛大任。要有责任和担当，在今后的学医行医历程中担当起为祖国医学事业发展添砖加瓦的责任，力求将个人的前途和祖国的发展相融合。第三，腹中有墨。在风华正茂的年纪努力学习，夯实理论基础，做到理论与实践相结合，拓展医学视野。第四，耳听心受。要学会用耳朵听，听取医学前辈的建议，并将其牢记在心中、落到实处。

"少年富，则国富；少年强，则国强。"目前，中国尚属于发展中国家，和西方发达国家相比还有一些差距，只有我们青年学生不断进步，才能逐渐缩小这个差距。祖国的发展和富强要靠我们每一个时代青年的奋斗和努力，我们要用自己的力量，与祖国母亲共成长，共奋进！

（指导教师：张文彬、尹鸿）

与时代同向 与祖国同行

杨明慧

青年朝气蓬勃，像早晨八九点钟的太阳；青春富有梦想，在拼搏奋斗中绽放光芒。党的十九大报告专门用一段论述青年工作，强调“青年兴则国家兴，青年强则国家强”“青年一代有理想、有本领、有担当，国家就有前途，民族就有希望”。这一重要论述，内涵丰富、全面系统、思想深刻、意义重大，充分体现了党中央和习近平总书记对青年一代的高度重视、亲切关怀和殷切期望。深入理解这一重要论述精神，对于把握青年脉搏，引领青年发展，做好青年工作，具有十分重要的意义。

一百多年前，十三位平均年龄只有二十多岁的马克思主义信仰者，创造了中国历史上开天辟地的大事变，在此后艰苦的革命斗争中，觉醒的一批批青年选择了马克思主义，选择了中国共产党，他们的选择一定程度上影响了国共两党的力量对比。抗日战争时期，许多优秀青年参加共产党领导的人民武装打击日寇，国统区的爱国青年冲破重重封锁奔赴延安，实现自己抗日救国的抱负。解放战争时期，青年旗帜鲜明支持中国共产党，蓬勃发展的学生运动加速了中国革命胜利的进程。正反两方面经验表明，执政的最大优势是赢得青年，执政的最大风险是失去青年，赢得青年就能赢得未来。一百多年来，一批又一批年轻优秀党员前赴后继，为鲜红的党旗添光增彩；一代又一代从青年时期就追随马克思主义并为之奋斗终身的共产党人让党的事业薪火相传。

青年是建设社会主义现代化强国的主力军。党的十九大对决胜全面建成小康社会和分两步走建成社会主义现代化强国作出全面部署和战略安排，为今后三十多年党和国家发展明确了时间表和路线图。分两步走建成社会主义现代化强国，是面向未来的事业，是一个长期而艰巨的过程，需要一代又一代人的接续奋斗。对于当代青年而言，为建设社会主义现代化强国而奋斗，既是时代赋予的历史使命，也是实现全面发展的最好舞台。现在距离实现第一步奋斗目标还有十几年时间，这段时期既是我国发展的重要战略机遇期，也是当代青年成长成才的关键期和黄金期。在这段时间，大多数当代青年面临很多重大的人生课题，完成学业、踏入社会、走向职场、组建家庭，也将步入精力充沛、行动高效、创造力强的人生高峰期。可以说，当代青年的个人发展与国家发展基本同步，是推动国家发展的重要力量。第二步奋斗目标将于本世纪中叶实现，距今还有近三十年的时间，正好是当代青年个人职业生涯的基本完整过程。这在时间上或许是偶然，在实践中则意味着必然的责任与神圣的使命。当代青年在接受更多现代教育、接触更多新生事物的同时，也具备更开阔的国际视野，拥有更多样的发展舞台。当代青年肩负着分两步走建成社会主义现代化强国历史重任，既是这一伟大历史进程的参与者，也是这一历史进程发展成果的分享者。中国梦给了当代青年梦想成真的机会、人生出彩的机会、同祖国和时代一起成长进步的机会。这种难得的历史机遇，必将为广大青年的成长发展带来更为广阔的舞台。

2013年5月2日，习近平总书记在给北大师生的回信中提到欧阳修的“得其大者可以兼其小”，他鼓励青年朋友们在实现中国梦的伟大实践中放飞青春梦想。我们当代大学生又该怎样去实践呢？

放飞青春梦想就要志存高远，热爱祖国。青年成长道路千万条，爱国大义第一条。马克思在《青年在选择职业时的考虑》中说：“假如我们选择了是能为人类而工作的职业，那么，重担就不能把我们压倒，因为这是为人类而做出的牺牲，那时我们所享受的就不是可怜的，有限的，自私的乐趣，我们的幸福将属于千百万人。”确实如此，我们的事业虽不会永远存在，但将永远发挥作用。

放飞青春梦想就要躬行践履，热爱学习。青春虚度无所成，白首衔悲何所及？与其等到回首往事时因虚度光阴而悔恨，因碌碌无为而羞愧，不如像钟南山院士一样潜心钻研，献身医学；像国医大师徐经世一样钻研岐黄坐寒窗，勤学苦思昼夜忙。同时，把学到的知识运用到实践中，真正做到知行合一，以知促行。

新时代青年，不止拥有诗和远方，更有梦和家国！正如习近平总书记指出的，同人民一起奋斗，青春才能靓丽；同人民一起前进，青春才能昂扬；同人民一起梦想，青春才能无悔。

（指导教师：胡卿、俞涛）

新时代青年的爱国情怀

李昭琳　林昱彤

“为什么我的眼里常含泪水？因为我对这土地爱得深沉。”这句话生动地反映了青年的家国情怀。随着被称为“网生一代”的当代青年逐渐走入社会，人们开始关注，现在的年轻人是否比他们的父辈更爱国？

在有些人看来，当代年轻人追求个性和自由。他们成长于多元文化兴起的时代，受外国文化影响，少数青年成为盲目崇拜外国文化的“哈日”“哈韩”一族；他们有更多机会走出国门，离家乡越来越远；他们忙着生存，专注于个人的物质享受，好像无暇关心国家命运……于是，有人觉得，现在的年轻人没有那么爱国了。

然而，事实并非如此。我们看到，“网生一代”对国家的关注并不少：朋友圈里总是会被赞美祖国的文章刷屏，B站弹幕上常有人发出“今生无悔入华夏，来世还生种花家”的感叹，微博热搜上也频频出现“我爱中国”的字样……可见，年轻人不是不爱国，只是在用自己的方式表达。

2020年新冠肺炎疫情暴发，在这次抗疫斗争中，青年一代的突出表现令人欣慰、令人感动。参加抗疫的医务人员中有近一半是“90后”“00后”，他们有一句话感动了中国：2003年“非典”的时候你们保护了我们，今天轮到我们来保护你们了。长辈们说：“哪里有什么白衣天使，不过是一群孩子换了一身衣服。”世上没有从天而降的英雄，只有挺身而出的凡人。青年一代不怕苦、不畏难、不惧牺牲，用臂膀扛起如山的责任，展现出青春激昂的风采，展现出中华民族的希望！让我们一起为他们点赞！4.2万多驰援湖北的医务人员中，就有1.2万多人是“90后”，在这场没有硝烟的战场上，无论是医护人员、公安民警、基层干部还是社区工作者、志愿者，都能看到青年人的身影，他们或是在防疫一线参与救治感染病患，或是协助分发物资、排查登记、防控宣传。面对来势汹汹的疫情，他们也许也曾畏惧但却决不退缩，用实际行动展现了青年一代的责任与担当。

“95后”的护士朱海秀，一句“我不能哭，哭花了护目镜就不能干活了”让全国人民为之感动；1992年出生的湖南基层工作者宋英杰连续10天9夜奋斗在防控一线，因过度劳累而殉职；火神山医院执勤警察燕占飞和妻子约定“疫情结束前就不见面了”。从他们身上，我们看到了新时代中国青年不畏艰险、不惧牺牲的坚强韧劲。

以更大视野看，越来越多青年将个人前途与国家命运紧密相连，日益成为国家发展的中坚力量。无论是扎根基层的大学生村官、学成回国的海归学子、科研攻关的青年专家、勇立潮头的互联网创业者，还是坚守岗位默默奋斗的快递小哥、青年农民工，当代青年正以蓬勃向上的青春面貌，更新着中国印象。从这个意义上看，青年已经开始用自己的方式，参与到国家发展的主旋律中，将自己的家国情怀融入时代进步的澎湃潮流中。

青年是国家的希望，是民族的未来。青年的青春力量是整个社会力量中最积极、最富有生气的组成部分。习近平总书记在庆祝中国共产主义青年团成立100周年大会上的重要讲话中指出：“千百年来，青春的力量，青春的涌动，青春的创造，始终是推动中华民族勇毅前行、屹立于世界民族之林的磅礴力量。”近代以来，中国青年始终与国家同呼吸、与民族共命运，一刻也不曾分离。“清澈的爱，只为中国”，成为当代中国青年发自内心的最强音。

现如今，作为中华民族伟大复兴的参与者和见证者，广大青年正要接过中国梦“接力赛”的“关键一棒”，生逢其时，责任重大。习近平总书记强调：“希望广大青年用脚步丈量祖国大地，用眼睛发现中国精神，用耳朵倾听人民呼声，用内心感应时代脉搏，把对祖国血浓于水、与人民同呼吸共命运的情感贯穿学业全过程、融汇在事业追求中。”爱国是青春最鲜亮的底色，奋斗是青春最美丽的注脚。爱国不能停留在口号上，而是要落实到行动中。对于新时代青年大学生，“用脚步丈量祖国大地”，就是要把学问做在祖国大地上，做接地气的真学问；“用眼睛发现中国精神”，就是要从中国人民摆脱贫困、奔向富裕的火热生活中审视感悟中华民族迸发出的伟大创造精神、伟大奋斗精神、伟大团结精神、伟大梦想精神；“用耳朵倾听人民呼声”，就是要到祖国和人民最需要的地方去摸爬滚打，体察百姓冷暖、民众忧乐，从中找到人生真谛、生命价值、事业方向；“用内心感应时代脉搏”，就是要勇做时代的弄潮儿，站在历史和时代潮流正确的一边，“不畏浮云遮望眼”，掌握历史主动，坚定历史自信，始终保持定力，稳扎稳打、步步为营。今天，有理想、有本领、有担当的新一代中国青年，将继续把青春奋斗融入党和人民事业，成为实现中华民族伟大复兴的先锋力量。

（指导教师：王晓宏、李国转）

星火筑梦 青年有为

刘旻辰 李 旭 刘 帅

习近平总书记指出，“无论过去、现在还是未来，中国青年始终是实现中华民族伟大复兴的先锋力量”。这意味着，在实现中华民族伟大复兴的整个过程，中国青年都起着开风气之先的带头作用。中国青年之作用不仅体现在民主革命时期，也体现在新中国成立之后的社会主义建设和改革开放时期。在党的领导下，中国青年投身伟大民族复兴事业和现代化建设过程中，既发挥了作用，也随着社会进步实现了自身发展。这一逻辑既在近代以来的中国历史中得到演绎，更在新中国成立发展过程中得到了体现。在现代化建设快速发展和中国社会巨大变迁的推动下，中国青年也呈现出了迭代性进步和跨越性发展。

百年前梁启超面对中国积贫积弱的现状，曾经发出振聋发聩的呼喊：“少年强则中国强，少年弱则中国弱。”正是在一代代年轻人的带领下，李大钊、陈独绣等中国年轻人找到了国家独立的方向，瞿秋白、陈延年等年轻共产党人甚至为此付出了生命的代价。在社会主义建设过程中，也涌现出了铁人王进喜、焦裕禄等一代代爱岗敬业的年轻人。

国家的步步强大离不开年轻人眼中有光、脚下有路的奋斗。新中国成立后，我们从一穷二白建立了独立的、比较完整的工业体系和国民经济体系，更是离不开当时年轻人为了祖国未来而奋斗的理想。新中国的成立，让一批批海外学子充满了报效祖国的愿望。钱学森、邓稼先等一大批有为青年，放弃了美国优渥的工作生活环境，一腔青春热血回到一贫如洗的祖国，在西北边陲的艰苦条件中，让中国两弹一星横空出世。航空航天行业如此，其他行业亦是如此。一代代年轻人放弃小我，将个人融入祖国需要中，战胜一切艰难险阻，让中国的发展脚步迈得格外稳健。未来，实现第二个百年奋斗目标，我们年轻人责任在肩。今天我们歌颂前辈们的英雄荣光，就是回顾先辈们心中有党、心中有国，为了理想而奋斗的坚定信念。当前，我们年轻人也经历了各种时代大事件的锻炼和洗礼，脱贫攻坚，全面小康，千年梦想今朝已经实现。生逢盛世，负重任。作为青年人，首先要拿起先辈们的旗帜，爱国爱民，树立为祖国为人民永久奋斗、赤诚奉献的坚定理想。其次还要脚踏实地、埋头苦干，根据时代潮流和国家需要贡献青春汗水，以开拓进取精神服务社会大众，在攀登知识高峰中追求卓越。行胜于言，只有在真刀真枪的实干中成就一番事业，才是真正的青春无悔。

中国青年自五四运动登上历史舞台，在长达100年的奋斗历程中，坚持中国共产党的领导，高扬五四精神，同全国人民一道，反对强权，抵御侵略，艰苦奋斗，锐意创新，迎来了民族独立和人民解放，推动国家、社会日益走向现代化。从某种意义上讲，中国革命、建设和改革的历程，实际上燃烧的是青年激情，依凭的是青春力量。

中国特色社会主义进入新时代，中国青年不仅需要在全球激烈的竞争中为中国谋求更为广阔的发展天地，还要在建设美丽中国的实践中探索更为强劲的新动力，更需要继续在为实现中华民族伟大复兴的新征途上续写新的辉煌篇章。时代在革新，不论是理论领域的革故鼎新还是实践领域的激烈竞争，想要在世界的角逐场中拥有更为稳固的一席之地都离不开时代青年的担当作为。时代在变化，不论是扎根在乡村，为振兴乡村教育而奉献青春年华的“小苔花”，还是奋斗在前线，为社区防控疫情而鞠躬尽瘁的“逆行者”，都是积极投身全面建设社会主义现代化国家的伟大事业，中国的发展离不开每个青年的无私奉献和无畏牺牲的担当精神。时代在发展，中华民族伟大复兴的征程已经开启，更需要中国青年发扬奉献精神，发挥斗争力量，勇于担当时代责任，团结拼搏、意气风发地朝着第二个百年奋斗目标迈进。中国青年要用自己的奉献、自己的担当谱写时代的最强音。

（指导教师：胡　卿、俞　涛）

不要让爱国成为一句口号

马丁润婕

爱国，是人世间最深层、最持久的情感，是一个人立德之源、立功之本。“你爱国吗?”“爱呀!”爱国对现代的我们这些人好像是一句随口回答的话！我们常说爱国，常谈爱国，但有时候会迷茫会困惑不知该如何去爱。习近平总书记提出，爱国不能停留在口号上，而是要把自己的理想同祖国的前途、把自己的人生同民族的命运紧密联系在一起，扎根人民，奉献国家。青年是祖国的未来，民族的希望，是爱国主义教育的重点对象。那我们又可以做些什么来表达我们对祖国的热爱呢？让我们看看其他人是怎么做的吧!

2016年7月，黄文秀从北京师范大学研究生毕业后，本有机会留在北京工作，但她还是毅然决然地通过选调回到了自己的家乡广西百色，时任广西壮族自治区百色市委宣传部副科长。2018年3月，她主动申请到国家扶贫开发工作重点县乐业县担任百坭村第一书记。在她决定回到广西工作的前一晚跟父亲谈论了很多，父亲教导她不要忘记党的恩情，要活得有意义，但是父亲非常担心她，毕竟是个女孩子，而她的回复却是：我是从广西贫困山区出来的，我想回来建设我的家乡，把希望带给更多的父老乡亲。自从黄文秀担任驻村书记以后，她考察环境，因地制宜，综合施策，通过各种技术学习和请专业指导，解决了百坭村砂糖橘技术上的困难，通过立项政策修路，解决了砂糖橘的运输问题，还通过各种渠道解决了销售问题。她还帮助因学致贫的村民申请“雨露计划”，在她的不断努力下，百坭村的情况有所改善。到2018年底，整个百坭村的贫困发生率从22.88%降至2.71%。2019年3月，黄文秀仅仅用了一年的时间，实现88户418人脱贫，村集体经济项目翻倍。2019年6月16日晚，黄文秀担心村里受灾，不顾父亲挽留，在叮嘱完父亲“按时吃药”后便赶赴工作岗位，一路上还在不停地和村党支书和村委会干部联系，询问情况，特别叮嘱要注意几个重点的村屯。6月17日凌晨，从百色到乐业县的山路被山洪淹没，黄文秀不幸遇难，她用她的一生奔波在扶贫的道路上。

还有的人在科研方面默默耕耘奉献自己的大好青春。2008年，陆朝阳完成了自己的硕士学业，因在国际物理学界的名声被英国剑桥大学邀请前往攻读博士学位，并且所有费用皆有剑桥大学基金会赞助。在剑桥大学的时候，陆朝阳比在国内学习的时候更加用功、刻苦。他深知祖国在这方面的技术知识的落后。虽有老师在前为祖国的量子物理发展奠定基础，但一个国家的崛起光靠一个人的力量是不够的，需要千千万万的华夏儿女前仆后继才能够实现。读博期间，陆朝阳发表了一篇关于以自旋量子计算方案为基础，从而解决领域内基础性难题的论文，使他的名字被校内外的人熟知。陆朝阳因那种“不要命”的学习方式，用了不到三年的时间就拿下了剑桥大学的博士学位。毕业时，他还入选了丘吉尔学院的奖学金名额。面对陆朝阳这么优秀的人才，英国剑桥大学自然是不想轻易放走。他们提出极其丰厚的报酬和优越的科研条件，但这都被陆朝阳一一拒绝了。他从没有忘记自己的初心，他出国留学不就是为了学到更多的先进知识技术好为国家的发展做贡献吗？国外的众多诱惑依然无法阻挡他的归国之心。2011年，陆朝阳顺利回到祖国，在不到30岁的年纪，就带领团队在与老师潘建伟的合作下，研制出了“超越级”光量子计算机的原型“九章”。这一成果让中国在大型运算速度方面遥遥领先世界各国，连当今世界上运算速度最快的日本的“富岳”超级计算机都望尘莫及。值得一提的是，如今许多出国留学的学生也都纷纷返回祖国，为祖国的发展贡献自己的力量。

当然每个人的选择都有所不同，每个人都可以在自己的领域用自己的方式去回报自己热爱的祖国。2014年，大二的张钦参军入伍。入伍第一年，她就当上班长，第二年在中部战区比武中摘金夺银，第三年代表祖国远赴万里之外的非洲执行维和任务。她精通精度射击、应用射击、线头接续、攀登固定等多种军事技能，因为维和需要，她还学习并掌握了英语、阿拉伯语、日语等多国语言。“战乱、疫病……万里之遥的世界，这个世界有很多地方并不和平，总要有人站出来。”军人张钦这样劝慰父母！

在祖国的建设中，一代又一代青年勇于奋进，挥洒汗水，播撒着希望的种子，留下了耀眼的足迹。先辈之姿不能忘，我们应当更加清楚我们可以做什么，然后行动起来，应对社会主义建设事业有强烈的责任感，胸怀忧国忧民之心、爱国爱民之情，以实际行动践行爱国主义，坚持伟大理想，坚持艰苦奋斗，坚持开拓创新，成为一个有感情、有思想、有行动的忠诚爱国者。

（指导教师：许明华、李　赓）

让青春在奋斗中绽放

杨一凡

苏联作家奥斯特洛夫斯基曾说过一段我们耳熟能详的话："人最宝贵的是生命。生命属于人只有一次。人的一生应当这样度过：当他回首往事的时候，不会因为碌碌无为、虚度年华而悔恨，也不会因为为人卑劣、生活庸俗而愧疚。这样，在临终的时候，他就能够说："我已把自己整个的生命和全部的精力献给了世界上最壮丽的事业——为人类的解放而奋斗。"

生命如此珍贵，作为新时代的青年要怎样活着，才是有价值的？

青年是人一生中最宝贵美好的年华，奋斗是青春里最华丽高贵的色彩。百年跋涉，中国青年一代又一代接续奋斗、凯歌前行；征途漫漫，中国青年以青春之我，创造青春之中国、青春之民族。

1919年，爱国青年振臂一呼，在追求真理的道路上开启了光明之门；1921年，13位平均年龄只有28岁的青年，他们指点江山、挥斥方遒，燃起了中国革命的星星之火。嘉兴南湖的小小红船如何成为领航中国的巍巍巨轮，八角楼里的一盏油灯如何照亮民族解放的前进道路……这一桩桩、一件件，都深深镌刻在党的百年历程中，印证着中国共产党人为理想而奋斗的坚定步伐。

为了民族复兴、人民幸福，无数英雄儿女献出宝贵生命，36岁牺牲的恽代英奋笔疾书，“已摈忧患寻常事，留得豪情作楚囚。”30岁牺牲的邓恩铭立下志向，“读书济世闻鸡舞，革命决心放胆尝。”29岁牺牲的张太雷高声呐喊，“愿化作震碎旧世界惊雷。”——这就是百年前用生命改变中国的青春宣言。

红色基因代代相传，有一段岁月让人难忘，有一种精神薪火相传。真理的味道历久弥新，青春中充满激荡。我们看到，疫情之下，以“90后”为代表的青年一代挺身而出、冲锋在前，用自己年轻的肩膀，扛起了守护祖国、守护民族的重任。他们是白衣执甲的英勇战士，与时间赛跑，和病魔较量，创造出一个又一个生命奇迹；他们是带头奋战在疫情防控一线的青年志愿者，充分发挥自身专业技术优势，主动参与疫情防控，传递正能量，彰显了新时代青年的责任与担当。我们看到，在全面建成小康社会、实现中华民族伟大复兴的征程中，当代青年积极融入祖国蓬勃发展的壮阔潮流。他们中有放弃留在大城市的工作机会，毅然回到家乡，在脱贫攻坚第一线倾情投入、奉献自我的黄文秀；也有以青春力量托举“天问”梦想的火星探测任务青年科研工作者代表张则梅、高芫赫。从雪域高原到大江南北，从田间地头到科研一线，当代中国青年将个人成长成才与国家前途命运紧密结合，在各行各业坚守岗位、忘我付出，用实际行动为青春写下铿锵有力的诗篇。同样，在万里铁道线上，也有一大批青年不惧挑战、勇往直前，在确保铁路大动脉安全畅通中彰显青春的蓬勃力量。在春运的主战场上，他们以现场为阵地，以作业为重点，严谨务实、精益求精，为列车平稳运行保驾护航；在抗洪防汛的第一线，他们以“雨”为令，闻“汛”而动，对重点防洪处所进行逐一排查，及时消除安全隐患。一个个冲锋在前、真情奉献的年轻身影，用奋斗践行青春，用拼搏实现梦想，再次证明了新时代的中国青年是好样的，是堪当大任的。

风云变幻，唯有精神不变；沧海桑田，只有青春不老。历史和现实都告诉我们：青年一代有理想、有本领、有担当，国家就有前途，民族就有希望。新时代青年应立足“两个大局”、心怀“国之大者”，到人民需要的基层、到国家建设的一线、到科研攻关的前沿，把论文写在祖国的大地上、写进人民的心中，让增长本领成为青春搏击的能量。

习近平总书记在清华大学考察时强调，广大青年要“努力成为堪当民族复兴重任的时代新人，让青春在为祖国、为民族、为人民、为人类的不懈奋斗中绽放绚丽之花”。不论是哪个时代，哪个区域，哪个行业，作为年轻人，“以青春之我，创建青春之国家，青春之民族的人生实践”，散发的都是上进的活力，弘扬的是青年特有的内涵，传承的是为国富强的靓丽底色。

“青年时代，选择吃苦也就选择了收获，选择奉献也就选择了高尚。青年时期多经历一点摔打、挫折、考验，有利于走好一生的路。”当下的新时代，“90后”“00后”正值青春，这些“强国一代”正在或即将登上社会的大舞台，未来的美好与幸福生活，只有用奋斗去创造，只有脚踏实地、敢于奋斗，才能在逐梦路上越走越远。

鲁迅先生曾如此寄语中国青年：“你们所多的是生力，遇见深林，可以辟成平地的，遇见旷野，可以栽种树木的，遇见荒漠，可以开掘井泉的。”今日，生逢盛世，肩负重任，我愿作为一粒青春种子，以信念为根，深扎基层土壤，破土而出、昂扬向上，奋力绽放出装点中国特色社会主义现代化建设伟大事业的青春小花！

（指导教师：江　英、李相南）

如何实现人生价值

赵婧怡

在古希腊的一座海岛上，某一日，夕阳西下，圣者苏格拉底遥望苍茫海天，提出了三个问题：我是谁？我从哪里来？我要到哪里去？问题一出，便成为哲学的终极命题，始终考验着人类的智慧。其实，在三个问题从根本上讲是关于生命的终极天问，它贯穿了我们的工作和生活。

人为何要活在这个世界上？人来一世的目的到底是什么？大凡对人生、真理有所追求的人想必都曾经考虑过这些。人是社会上的人，每个人都在一定的社会关系中生活，不能独立社会而存在，要找到属于自己的“终极答案”，就必须投身到社会实践中去。所以，从一定程度上说，要找到这个问题的答案就要明白：人生的价值是什么，以及如何实现自己的人生价值。

人生价值是指人生存、生活的价值，是指一个人的存在与活动对社会及个人的作用和意义。人生价值应当在社会关系中确定，人生价值的大小，则是由人生价值目标的境界及实现程度来决定。而怎样实现人生价值？既是一个哲学问题，也是一个现实问题。时代在进步，社会在发展，人的价值观也在不断地发生变化，如今我们正处在一个奋进飞跃的时代，青年人应树立什么样的人生价值观，并为此努力奋斗，这是首先要解决的问题。习近平总书记谆谆教诲过："青年一代有理想、有担当，国家就有前途，民族就有希望，实现中华民族伟大复兴就有源源不断的强大力量。"他寄语全国青年："青春由磨砺而出彩，人生因奋斗而升华。"青年人用自己独特的光芒来照亮世界，散发出的是不一样的光芒。有千千万万的青年人在努力实现自己的人生价值，他们在自己的岗位上兢兢业业，踏实工作。他们愿意为了自己的家乡放弃在城市工作的机会，投身到农村建设中。他们愿意不眠不休，时刻坚守在岗位上，守护着人民，他们年龄不大，却都能用自己的力量让中国散发光芒。

歌德说："你若要喜爱你自己的价值，你就得给世界创造价值。"2020年伊始，新冠病毒猛然来袭，并在短时间内，迅速从武汉向全国蔓延。在抗击新冠肺炎重大疫情中，涌现出一大批90后青年逆行者，他们中有医生，护士，警察，志愿者，快递小哥和辅助人员，这个青年群体的勇敢行动，既体现了对自身职业使命和道德伦理的清晰认知，更体现了对国家的认同感和归属感、责任感和使命感。正是这种清晰的身份认知和家国情怀，激励着年轻的逆行者冒着生命危险开展艰巨繁重的医疗救治与疫情管控工作。他们身上展示了新一代青年的自我成熟度、群体责任心、职业使命感、社会担当，他们早已从曾经被标签化的"垮掉的一代"，成长为"勇敢的逆行者"，终将成为中国未来的"中坚一代"。他们在国家危难之际，用生命表达了他们的爱国之情，实现着人生理想和价值。

卢梭说："人的价值是由自己决定的。"实现人生价值，不能好高骛远，既要胸怀大志又要脚踏实地。实现中华民族伟大复兴的中国梦，广大青年既是追梦者，也是圆梦人。理想指引方向，信念决定成败。如果说社会是大海，人生是小舟，那么理想信念就是引领青年远航的灯塔和风帆，没有理想信念的人生，就像失去了方向和动力的小船，在社会中的波浪中随处漂泊，甚至沉没于风云变幻的激流之中。国家为青年提供了成才成长的土壤，青年唯有将个人的奋斗志向同国家和民族的前途命运紧紧联系在一起，把个人的进步同祖国的繁荣昌盛紧紧联系在一起，这样才能使理想信念之花结出硕大的果实。青年应自觉树立和践行社会主义核心价值观，加强道德修养，明辨是非曲直，增强自我定力，在困难和曲折中历练出宠辱不惊的心理素质和百折不挠的进取意志，以乐观向上的精神状态积极面对工作中遇到的任何困难，变挫折为动力，并在工作中对知识应如饥似渴，不断地学习和练习业务技能，在学习中创新工作方法与技术设备，在学习中增长知识、锤炼品格，在工作中增长才干、练就本领。一代人有一代人的长征，一代人有一代人的担当。新时代青年要有“天将降大任于斯人也”的责任与担当，以实现中华民族伟大复兴为己任，增强做中国人的志气、骨气、底气，自觉担负起时代赋予的历史重任，勇做走在时代前列的奋进者、开拓者、奉献者，做知行合一的实干家。新时代青年也要在实现中华民族伟大复兴中国梦的生动实践中放飞青春梦想，用青春的蓬勃力量证明新时代青年是好样的，只有这样才不负历史，不负时代，不负人民的殷切期望！

（指导教师：张文彬、尹　鸿）

爱国之心永驻

刘　换

爱国是人世间最深层、最持久的情感，是一个人立德之源、立功之本。拂去岁月的尘雾，打开历史的启示录，便会看到，只有与祖国荣辱与共，以坚定的爱国信仰牢牢把握住今天，不辱祖国使命的人，才会在历史的长河中获得永生的机遇、化为永存的浪花。对每一个中国人来说，爱国是本分，也是职责。患难见真心、磨炼出意志，越是负重前行，砥砺奋进，越是需要激励起强烈的爱国心。爱国、报国、强国是新时代我们的人生追求和责任担当。人生乐章里，爱国是最动人的音符，逐梦征程上，报国是最鲜艳的色彩。

回首过去风云变幻的一百多年，无数仁人志士埋葬在这片土地之上，他们用鲜血染红了五星红旗，用骨肉铸成了新的长城，用生命换来了今日之中国……他们为人民而死，虽死犹荣！他们为国家利益而献身，永垂不朽！1948年5月25日，解放隆化城的战斗打响，时任东北野战军第11纵队32师96团班长的董存瑞担任爆破组组长，他带领战友接连炸毁4座炮楼、5座碉堡。连队随即发起冲锋，突然，一个桥型碉堡中射出猛烈火力，扫向冲锋部队。危急时刻，董存瑞抱起炸药包，冲向暗堡，前进中他左腿负伤，却顽强坚持冲至桥下。由于桥型暗堡距地面的高度超过身高，两头桥台又无法放置炸药包。危急关头，他毫不犹豫地用左手托起炸药包，紧紧贴住桥型碉堡，右手猛地一下拉开了导火索。他舍身为国，永垂不朽！1952年10月，上甘岭战役打响。年仅22岁的黄继光，在左臂被打穿，血流如注的情况下，举起右手将手雷接连投向敌军，面对狂喷火舌的枪口，挺起胸膛，张开双臂，扑了上去，以战斗的姿态把自己的生命永远定格在异国他乡……革命先烈的英勇事迹，谱写了可歌可泣的壮丽诗篇，他们被永远地镌刻在了英雄史书上，是当之无愧的民族英雄。正是他们舍生忘死，才换来了我们如今的太平盛世。

爱国，不能停留在口号上，而是要把自己的理想同祖国的前途、把自己的人生同民族的命运紧密联系在一起，扎根人民，奉献国家。新时代是奋斗者的时代，当此民族复兴的关键一程，报国之路、用武之地更加广阔。在服务人民的过程中建功立业，可谓正当其时，每个人都应撸起袖子干、挥洒汗水拼，将个人奋斗与国家发展同频共振，把实现个人梦、家庭梦融入国家梦、民族梦之中。所有爱国者、奉献者、改革派、实干家、创业者、建设者的力量聚合起来，就是新时代的兴国之魂、强国之光。中华民族的伟大复兴，因亿万追梦人英雄般的奋斗而更加精彩；国家因英雄辈出而强大；民族因精神挺立而兴旺；社会因正气浩荡而温暖。

爱国主义始终是把中华儿女坚强团结在一起的精神力量。我们是中华儿女，要了解中华民族的历史，秉承中华文化基因，有民族自豪感和文化自信心，要时时想到国家，处处想到人民。爱国主义是中华民族精神的核心，深深植根于中华民族心中，是中华民族的精神基因，维系着华夏大地上各个民族的团结统一，激励着一代又一代中华儿女为祖国发展繁荣而不懈奋斗。

梁启超说："少年智则国智，少年富则国富，少年强则国强，少年独立则国独立，少年自由则国自由，少年进步则国进步，少年胜于欧洲，则国胜于欧洲。少年雄于地球，则国雄于地球。习近平总书记在北京大学师生座谈会上的重要讲话中，对广大青年提出“要爱国，忠于祖国，忠于人民”“要励志，立鸿鹄志，做奋斗者”“要求真，求真学问，练真本领”“要力行，知行合一，做实干家”的要求，希望新时代的中国青年时刻将爱国和奋斗紧密结合起来，脚踏实地做意志坚定的爱国者和永不停歇的奋斗者。

今天，新时代的中国青年正处在中华民族发展的最好时期，既面临着难得的建功立业的人生际遇，也面临着“天将降大任于斯人”的时代使命。青年人应树立爱国奋斗的理想信念，努力提升知识水平和实践能力，以实现中华民族伟大复兴为己任，不辜负党的期望、人民期待、民族重托，不辜负我们这个伟大时代，在励志报国和求真实干的过程中使爱国奋斗精神真正成为内化于心、外化于行的不竭动力。

作为一名医学生，我们要不断增强自己的爱国意识，在学习、工作中牢记自己的责任和使命，努力提高专业技能，不只是为了治病救人，也是为祖国的发展进步贡献自己的一份力量。让我们用自己的实际行动书写爱国之情和报国之志！

（指导教师：董玉节、聂多伟）

同心抗疫篇

中国，让我如何不爱你

屈倩倩

谁能想到，2020年的春天，会来得这样悲怆，这样壮烈，这样感天动地，这样荡气回肠！一个千万人口的中心城市主动“封城”；4万多名医务人员白衣执甲，集结一地；14亿中国人统一行动，自行“禁足”；一个又一个的14天自我隔离、集中隔离，一位又一位感染者、疑似者、接触者的救治、排查、追踪，一栋栋楼宇、一片片社区、一个个村庄、一道道口岸扎起的防控“墙”，960多万平方公里土地上不计其数的“点到点”“人对人”……

这是新中国成立以来在我国发生的传播速度最快、感染范围最广、防控难度最大的一次重大突发公共卫生事件——中国的领导人如是判断。这是自第二次世界大战以来的最大挑战，考验着各个国家的治理能力——国际社会的政治家这样认为。这是前所未有的冠状病毒引发的大流行，也是前所未有得到控制的大流行——世卫组织总干事如此评价。

发生在岁末年初的新冠肺炎疫情，以其汹汹袭来之势，深刻改变了2020年的春天，而最早遭受这一重大危机冲击与考验的中国，以巨大的魄力、惊人的壮举、勇毅的付出，最早阻断了疫情的传播，让这片土地成为世界上最安全最温暖的家园。

哪里的情况最紧急，就到哪里去；哪里的战场最关键，就到哪里去。武汉，成了全国人民心头最大的牵挂，成了勇敢逆行者共同的目的地。

把亲情埋在心底，把恐惧抛到脑后，白衣天使瞬间变成最无所畏惧的战士。他们穿上了战衣，奔赴了属于他们的战场。春节的阖家团圆，骤然转换成快节奏的紧急出击。生活中，他们也只是一个个的普通人，他们中有孩子的父母，有父母的子女。在接到信息的那一刻，他们不得不告别挚爱的人，穿上厚厚的防护服勇闯一线。难道他们不害怕吗？不，他们也是人，他们也害怕。他们只是藏起了自己的害怕，扛起了肩上的责任。他们穿着厚厚的防护服，戴着口罩，不仅脸上被勒出一道道红痕，就连上厕所都很不方便，为了节省时间，常常一天都不喝水，但是他们毫无怨言。不论身处何种环境，身处哪一时代，中国始终不缺愿意为国家牺牲的人。

一方有难、八方支援，国家有难、人人有责。湖州一位83岁拾荒老人，我们不知道他的名字，他不肯透露自己的姓名，步履蹒跚地戴着口罩来到慈善会捐曾自己拾荒攒下来的一万块钱，老人瘦弱的身体边说边比画着："你一定要写名字，就写知恩者，一个知恩者。"老人家里还有个瘫痪在床的老伴，老人说自己经济也不宽裕，以拾荒为生，能为国家作的贡献不多，但想尽自己的一份心意！不知道这位老人要捡多少瓶子，要走多少路，要流过多少汗，才能换来这一万元。29岁的武汉小伙郝乐创业开店还不到1年，就遭遇了这场新冠肺炎疫情。尽管面临巨额亏损，从武汉封城开始，他却坚持给奋战在一线的医护人员免费送盒饭。他说："一线的医护人员太辛苦了，我是武汉的一分子，让他们吃上一口热饭热菜，是我力所能及应该做的事。"疫情虽猛，但是人心更齐，每个人都在以自己的方式，为这个国家贡献自己的力量。一线防疫人员不分昼夜地值班保卫人民安全，志愿者们为武汉市民提供免费送菜上门服务，农民工们齐齐奔赴武汉以迅雷不及掩耳之势建成方舱医院，"硬核村支书"为阻止村民四处串门喊话……这一切的一切，在不了解中国的有些外国人眼里可能不可思议，但却是真真切切发生在中国的事情。

习近平总书记指出："在这场同严重疫情的殊死较量中，中国人民和中华民族以敢于斗争、敢于胜利的大无畏气概，铸就了生命至上、举国同心、舍生忘死、尊重科学、命运与共的伟大抗疫精神。"这种伟大抗疫精神，集中体现了中国人民深厚的仁爱传统和中国共产党人以人民为中心的价值追求，集中体现了中国人民万众一心、同甘共苦的团结伟力，集中体现了中国人民敢于压倒一切困难而不被任何困难所压倒的顽强意志，集中体现了中国人民求真务实、开拓创新的实践品格，集中体现了中国人民和衷共济、爱好和平的道义担当。我为自己是一个中国人而感到自豪。我知道我并不是生活在一个和平的年代，而是我的祖国给了我一个和平的生活环境。

蔡元培曾经说过"中国人是富于美感的民族"，我想蔡先生所说的美感应该是中国人的团结、善良、坚毅、勇敢……中华民族是一个历经苦难的民族。2003年的非典，2008年的汶川地震，2020年的西昌火灾等，天灾人祸从来没有打倒过我们中华儿女，却让我们在灾难中成长得愈发坚强。这样的中国，让我如何不爱你啊！

（指导教师：张璐瑶）

共抗疫情 爱国力行

朱　超

不论树的影子有多长，根永远扎在土里。中共中央、国务院印发的《新时代爱国主义教育实施纲要》中提出，把爱国主义教育贯穿国民教育和精神文明建设全过程。习近平总书记在北京大学师生座谈会上指出，爱国，是人世间最深层、最持久的情感，是一个人立德之源、立功之本。在五千多年的历史发展中，中华民族战胜了无数艰险和挑战，始终保持着旺盛的生命力和战斗力，维护着民族独立和尊严，屹立于世界民族之林，从未被压倒，为什么？因为爱国主义的历史铸就连绵不绝、历久弥坚、日益光大的爱国主义精神，爱国主义精神不断鼓舞斗志、凝聚力量，激励一代又一代中华儿女为祖国发展繁荣而不懈奋斗。爱国主义精神是中华民族精神的核心，是中华民族几千年来永不衰竭的精神动力，是中华民族永恒的精神信仰。

2020年新春伊始，一场突如其来的灾难——新冠肺炎疫情暴发，它打乱了我们正常的生活，也严重影响了经济的发展，威胁着我们的生命健康安全。这场疫情是继2003年“非典”后又一次严重的突发公共卫生事件，对我国消费产业、旅游产业、服务产业等领域带来严重影响，对人民生活和世界经济带来严重破坏，让我们面临着一次严峻考验。疫情虽然很严峻，但是，我们伟大的祖国，一声召唤：封城，华夏儿女齐动员；一声动员：成千上万的医务工作者奔赴灾区，炎黄子孙共向前；一个号召：全员春节不出门，自觉在家隔离观察；一声令下：几十台挖掘机齐上阵，数天便建成医院，雷神山医院和火神山医院拔地而起。十四亿人，众志成城，数千名医护人员争先恐后报名赶赴武汉，医务工作者逆行而上，向死而生。阴霾中，我们成千上万的逆行者，放下小家舍自我，顾全大家施大爱，用生命为千家万户守护和平，为祖国人民保安宁，人性的光芒普照大地，博爱的力量感动寰宇，奉献的阳光温暖众生。与死神搏斗中，他们的爱点亮了希望的灯塔，为病人指明了前方的路标。

当今世界正处于信息时代，新冠肺炎疫情暴发后，网络上铺天盖地的新闻扑面而来，有指导大家正当防控稳定民心的，也有各种诱导人们产生错误观念的负面舆情。作为新时代大学生，我们需要提高自身的科学素养和认知水平，提高分辨是非的能力，自觉鉴别不实信息，自觉抵制错误舆论，不造谣，不信谣，不传谣，对新冠肺炎疫情有正确的认识和判断，在加强自身防控的同时积极引导身边人科学看待网络舆情，共同打赢这场疫情防控的人民战争、总体战、阻击战。

现阶段，我们虽然尚是一名医学生，但我们也是临床一线的储备力量，作为未来为人民健康谋幸福的接班人，我们要进行爱国主义自我教育，提高专业本领，祖国有难，我们需不怕牺牲，奋勇直前。在人生成长历程中，我们要树立正确的、科学的、社会的价值观，将个人价值与民族、国家的价值相结合，为祖国和民族的需要贡献一份力量。

新时代中国青年要听党话、跟党走，胸怀忧国忧民之心、爱国爱民之情，不断奉献祖国、奉献人民，以一生的真情投入、一辈子的顽强奋斗来体现爱国主义情怀，让爱国主义的伟大旗帜始终在心中高高飘扬！

（指导教师：聂多伟）

待到山花烂漫时

方　颖

林俊杰在为疫情而作的新歌“Stay With You”中写道：“迎接这场雨，最冷的天也会离去。”2020年伊始，突如其来的新冠肺炎疫情，打乱了所有人的生活节奏。清冷的街道，寥寥无几的行人，一切都似乎失去了往日的喧嚣与热闹。武汉“封城”，鄂州“封城”、黄冈“封城”、赤壁“封城”、仙桃“封城”……接踵而至的是全国多个城市实施小区封闭式管理。疫情肆虐，疫情实时情况表上跳动的数字无时无刻不牵动每个人的心。然而我们每个人都深深地相信着：“没有一个冬天不可逾越，没有一个春天不会来临。”我们期盼着、等待着山河无恙之际、山花烂漫之时，能够摘下口罩对着数月未见的朋友笑着说一声：“嘿，好久不见。”

这次突如其来的新冠肺炎疫情，是全国人民的一场大灾难，它不仅直接和间接地夺走了许多人宝贵的生命，也让各行各业都遭受了近几十年来前所未有的惨重损失——民航、铁路、公路、个体户、小商贩，无一幸免！

但同时它也是一场考验，把五湖四海的人们拧成一股绳。这是一群勇敢无畏的人们，他们不顾安危，奔赴在抗疫一线。嘴里说着“没有特殊情况，不要去武汉”的钟南山院士义无反顾地前往武汉抗击病毒；“年前想去换个发型，结果还真‘如愿’了”的美女护士单霞为避免交叉感染，剃了光头……多日连轴转地高强度工作的护士全然不知脸上早已布满了勒痕；得知同行好友感染病毒泣不成声的医生毅然决然地转身救人……我们自古以来就有埋头苦干的人，有拼命硬干的人，有为民请命的人，有舍身求法的人。这些白衣天使，不计报酬，无论生死，为民族担当，不愧为中国脊梁。这是一群无私奉献的人，他们尽己所有捐赠着医疗物资。韩红东奔西走募集捐款约一亿元，众多明星网红纷纷慷慨解囊；汽车司机捐赠口罩50000只并亲自送往武汉；有孩子用全部压岁钱为民警买来口罩，用歪扭的字体寄托他“希望你们能好好保护自己”的祝愿；居委会、村委会挨家挨户送口罩、发放药熏；社区组织专人给居家隔离人员及孤寡高龄老人送去蔬菜等生活必需品；街道志愿者们踊跃投身于疫情防控知识宣传工作……在疫情面前，他们每一个人都是战士，他们共同愿望就是尽自己所能，为抗疫战争做一分贡献，给战“疫”胜利增加一分希望。爱与善良无关阶层、无关年纪，在灾难面前，他们都是大美之人。

在与疫情的赛跑中，雷神山医院、火神山医院和方舱医院的建设引起了全世界人民的广泛关注。施工现场灯火通明，工地上的战士们放弃了春节与亲人团聚的时光，与陌生的工友们在堆满了速食面、矿泉水和杂物的“小盒房”中挥洒汗水，只为了以最快的速度建成医院并投入使用，这无疑是人类的奇迹。在互联网上，我看到了国外友人的感叹：上帝用7天的时间创造了世界，而中国人就是上帝！虽然听起来略显得有点夸张，但是我们可以骄傲地说：“这就是中国速度！”

马克思说：“我们知道个人是微弱的，但是我们也知道整体就是力量。”坚持全国一盘棋，调动各方面积极性，集中力量办大事，是我国国家制度和国家治理体系的显著优势之一，也是我们打赢疫情防控阻击战的根本依靠。从武汉到湖北，从湖北到全国，在党中央统一指挥、统一协调、统一调度下，拧成一股绳、下好一盘棋，社会主义制度释放出强大的领导能力、应对能力、组织动员能力、贯彻执行能力，转化为应对大风大浪、抵御风险挑战时的治理效能。在这场保卫人民群众生命安全和身体健康的严峻斗争中，我们展现出的中国力量、中国精神、中国效率，让世界惊叹。

大疫无情，人间有情，天降大难，众志成城。“莫道春光难揽取，浮云过后艳阳天。”长江两岸，“武汉必胜”格外醒目，这是江城武汉的英雄气质；东湖之畔，千树繁花悄然绽放，这是不可阻挡的春天脚步！一个个这样的瞬间，蕴藏着荆楚大地穿越风雪砥砺前行的秘密，孕育着中华民族久经磨难自强不息的力量。正如法国作家阿尔贝·加缪在《鼠疫》中写道：“即使世界荒芜到被瘟疫笼罩，只要有一丝温情尚在，绝望就不至于吞噬人心”。祖国始终与我们同行，统筹协调。此时此刻，每时每刻，我都无比感谢我深沉爱着的祖国、感谢我们平凡而伟大的同胞，是他们为我们负重前行，是他们用生命、用血肉、用信念才换来了我们的岁月静好。

感谢我的祖国，此生无悔入华夏。

（指导教师：段　雷）

巾帼之担当 以毅抗疫

肖云久

烈火现真金，战“疫”显担当。2020年伊始，一场突如其来的新冠肺炎疫情肆虐中华大地。这次疫情是新中国成立以来我国遭遇的传播速度最快、感染范围最广、防控难度最大的一次重大突发公共卫生事件，也是百年来全球发生得最严重的传染病大流行。在党中央坚强领导下，中国人民风雨同舟、众志成城，发扬一方有难、八方支援精神，构筑起疫情防控的坚固防线。广大医务人员白衣为甲、逆行出征，54万名湖北省和武汉市医务人员同病毒短兵相接，346支国家医疗队、4万多名医务人员毅然奔赴前线。在2020年3月8日国务院联防联控机制举行的新闻发布会上，国家卫健委表示：到目前为止，全国已经有346支医疗队抵达武汉和湖北。医疗队总人数达4.26万人，其中，女性医务人员有2.8万人，占到了整个医务人员医疗队的2/3，她们在救治患者的过程中发挥了非常重要的作用。

在这场没有硝烟的战争中，在抗击疫情一线，有一种“英雄气概”叫巾帼不让须眉。戴上口罩、穿上防护服，大批女性毅然加入疫情防控的战斗中。她们心中有责、冲锋在前；她们任劳任怨、默默无闻；此刻“柔弱”已不是她们的代名词，“坚强”“强大”“不畏艰难”，她们很好地诠释了这些词语的深刻内涵；她们是这场抗疫战中不可或缺的重要力量；她们在这次疫情防控中留下了最美丽的身影。在家里，她们是母亲、是妻子、是女儿；走上这个没有硝烟的战场，她们是勇敢、坚强、刚毅的“战士”，是强大的抗疫巾帼“她”力量！

逄欢原本是荆州市中心医院肿瘤科的一名护士，按照要求他们医院成为荆州市中心医院新型冠状病毒感染的肺炎定点收治隔离区，而她所在的科室，全员投入隔离区医护工作。在工作过程中，她们一天基本上就是三个人，白天两人，夜班一个人守一整夜，如果进了病房，就不能再回到护士站，也不能回到相对清洁的区域，整个人要在楼道里面。因为病房需要通风，所以整幢楼从门到走廊的窗户都是开着的，非常非常冷，到了后半夜特别难熬。“我自愿参与新型冠状病毒肺炎疫情的医疗救治，不计报酬、无惧风险、毫无怨言……”工作20多年的老护士刘丽琴写下承诺书报名，她说：“职责所在、义不容辞，再苦再累也要坚守疫情最前线。”

全国抗击新冠肺炎疫情先进个人、“95后”武汉市江夏区金口街社区卫生服务中心技士甘如意，历时4天3夜，骑行300多公里，从荆州老家骑行返岗，走上抗疫一线。回想4天3夜的艰难骑行，她的眼泪止不住淌下来。她说：“这一路上，我自己都说不清，哭过多少回。膝盖疼痛难忍，我哭了；上坡只能推着车一步步往上挪，我哭了；在加油站吃着泡面，我又情不自禁地哭了。”抗疫期间，甘如意也光荣地成为一名预备党员。她说：“在父母眼中，我们“95后”还是稚气未脱的孩子，但我们知道，穿上这身防护服，我们就是战士，我们必须扛起肩上的这份责任！”

全国三八红旗手、武汉市公安局特警支队刘奥娜，在武汉封城76天里，火速归队，有家不能回，竭尽所能，坚守初心，经受住了疫情的考验，体现了“汉警”担当，兑现了人民公安为人民的庄重誓言。刘奥娜说：“我们不是无所不能，而是要竭尽所能，我们不是生而英勇，而是选择无畏。对于公安民警来说这不是结束，而是开始，在这场战役中有的同胞永远留在了这个春天，我们从他们手里接过接力棒，传承抗疫精神，凝聚抗疫力量。”

全国三八红旗手、武汉滴滴出行网约车司机王利，她从汶川地震中捡回了一条命。疫情来袭，原本打算回家乡四川与亲人团聚的她，毅然选择留在武汉，大年三十报名参加了滴滴社区保障车队，成为风雨摆渡人，服务数千名社区居民。王利说：“武汉是一座英雄的城市，作为其中的一分子，我能和它一起并肩作战，真的是倍感光荣。历史已经多次证明，只要我们始终发扬伟大的民族精神，我们就一定能战胜前进道路上的任何艰难险阻。”

许多打动人心的故事在这个特殊的战场上涌现。她们是这场疫情防控战的逆行者。疫情面前，她们的选择令人动容。她们是逆流而上的人，漆黑长夜的灯。因为有这样一群天使，快速斩断病毒传播，以不胜不退，不捷不归的信心和决心，全力以赴地投入到这场对抗新型冠状病毒的战役之中，我们坚信，这场战“疫”，必胜！

新时代，有越来越多的女性在不同的领域，以不同的方式，展现女性的力量和担当，她们让我们更深刻地感受到新时代女性奉献的力量、自信的力量。她们在各自岗位上建功立业，书写精彩人生。让我们为她们点赞！

（指导教师：郝书婕）

共抗疫情 爱国力行

杨春荣

2020年的春节对于我们来说是一个不平凡的春节，因为一场严重的新冠肺炎疫情，我们度过了一段漫长而难忘的日子。这场由“新型冠状病毒”引起的没有硝烟的战争，严重影响到人民的健康和生命安全。苟利国家生死以，岂因祸福避趋之。生命重于泰山，疫情就是命令，防控就是责任。疫情发生后，无数的爱国者逆行在战“疫”前沿，奋战在战“疫”一线，共同奏响了万众一心、同舟共济的英雄壮歌。从领导干部到普通民众，从海外华侨到快递小哥，每一个人都在以实际行动践行着“人心齐，泰山移”的哲理。

新冠病毒来势汹汹，感染病例不断增加，在党和政府的领导下，全国人民众志成城，共同抗疫。自疫情发生以来，全国各地的医疗队伍整装待发，吹响了人民战“疫”的集结号。广大医务工作者们救死扶伤、日夜奋战，穿上厚重的防护服，戴着一层又一层的口罩，奔波在救人的道路中。有的剪去自己的长发，有的推迟了自己的婚礼，他们义无反顾地递上自己的请战书，离开自己最亲最爱的人，带着大无畏的精神冲到前线，争分夺秒去救治每一位患者。钟南山、李兰娟、张伯礼、张文宏、陈薇等专家学者们不舍昼夜，不计生死，指导抗疫，给人们带来了生的希望、爱的温暖。他们有着胸怀国家、为民服务的家国情怀，舍身忘我、无私无畏的担当精神。作为新时代青年，作为国家的未来和希望，我们应当学习他们对党忠诚，热爱人民的精神，为我们的国家建设、为社会发展、为人类文明作出我们应有的贡献。

在这次抗疫中，我们看到了祖国的强大。在极短的时间内，国家动员全社会的力量实施有效的抗疫举措，紧急调动各类医疗资源、防护用品，全民在家隔离，十天建成雷神山医院，一省包一市……一方有难，八方支援。正是因为党和政府的全面部署，全国人民团结一心、共克时艰，才能够以世界上最快的速度熬过疫情的艰难时刻。每个人都从这次艰难的战役中感受到了身为中国人的骄傲与自豪。

战“疫”攻坚的战场上，不仅有医护人员，还有很多不辞辛苦的基层工作者，包括社区干部、基层民警、小区物管、志愿者等。冒着疫情肆意的风险，他们在寒风中站岗，通宵汇总民众健康和出行信息；在各个出入口做好登记和劝返工作；用各种硬核方式做好疫情防控宣传；及时向公众解释疑惑，消除群众恐惧心理。基层党支部充分发挥基层党组织的战斗堡垒作用和先锋模范作用，战斗在防疫第一线，不忘初心，牢记使命。疫情期间，他们凝聚群众，全面落实国家联防联控措施，构筑了最严密有效的抗疫防线。尽管职业不同，他们却有着相同的家国情怀，带着对工作的责任感和对人民的使命感不惧艰险，始终坚守一线。

疫情期间最触动人心的还有那句：哪有什么岁月静好，不过是有人替你负重前行。正是无数普通人的默默坚守，舍小家为大家，才有了今天的万家团圆与欢乐祥和。国家有难，匹夫有责。疫情无情人有情，将个人命运同国家命运紧密相连，我们的人生价值才能得到普遍确证和最大彰显。我们愿意与国家同呼吸共命运，众志成城，击退疫情。

作为新时代青年，我们应当展现自己的勇气与担当，先天下之忧而忧，后天下之乐而乐，把自己的理想同祖国的前途、民族的命运紧密联系在一起，为实现中华民族伟大复兴而奋斗，为推动构建人类命运共同体而努力！

（指导教师：濮燕屏）

医者爱国

程 晨

历史的风雨尽管浩瀚汹涌，却不能冲淡人们对英雄的敬仰；岁月的河流尽管绵长蜿蜒，却无法流走人们对英雄的怀念。他们光辉的爱国形象，高洁的民族精神，气吞山河的言辞，可歌可泣的事迹……无不令我敬佩不已。

顾名思义，爱国就是热爱自己的祖国。在我国五千多年的历史长河中，涌现出许许多多的爱国志士。屈原在郢都被攻破后，万念俱灰，高吟《离骚》，愤然投江；范仲淹被贬后，作了“先天下之忧而忧，天下之乐而乐”的长叹；林则徐在被流放后，写了“苟利国家生死以，完固祸福趋之”的心声……爱国主义是中国历史上最具凝聚力的一面旗帜，飘扬在祖国辽阔的土地上，激扬在亿万中华儿女的心中。习近平总书记指出：“爱国主义是中华民族精神的核心，要大力弘扬伟大爱国主义精神，为实现中华民族伟大复兴的中国梦提供共同精神支柱和强大精神动力。”

在新的历史条件下，继承爱国主义优良传统，弘扬民族精神和时代精神，以热爱祖国为荣，做一个忠诚的爱国者，是当代华夏子民的基本要求、义务和义不容辞的责任！新时代的爱国主义体现了人民群众对自己祖国的深厚感情，反映了个人对祖国的依存关系，是人们对自己故土家园、民族和文化的归属感、认同感、尊严感与荣誉感的统一。在广大医护人员那里，爱国同样有着不一样的诠释。在国家和社会的发展进程中，医务工作者扮演着极端重要的社会角色、担当着无比重要的社会责任。这支队伍的每一个成员都必须牢记自己担负着的神圣使命，不辞艰辛，执着追求，为发展祖国医疗卫生事业和守护群众身心健康努力奋斗。最有说服力的例子是，在新冠疫情防控阻击战中，正是有了广大医务工作者不忘初心、牢记使命，响应国家号召，践行医者仁心，我们才在短期内跑赢了时间、战胜了病魔。伟大的白衣天使，有的不幸被病毒感染，有的甚至献出了生命，这体现了医者仁心、人间有大爱。哪有什么岁月静好，不过是有人为我们负重前行；哪有什么铜头铁臂，不过是一种随时准备为党和人民牺牲一切的宗旨意识让他们坚持、坚持、再坚持。一页页摁满红手印的请战书、一声声铿锵有力的誓言，展现了抗疫战士冲锋在前的使命担当。

实际上，面对新冠肺炎疫情，医务人员所表现出的英勇并不是昙花一现，而是日积月累中沉淀出的底色，我们的医疗队伍爱国爱人民，在各种灾难、疫情面前，表现都很出色，是一支可靠的队伍。

有人要问：一袭白衣，到底有什么样的魔力，能让一个人不惧生死？即将成为医生的我，自然能够为“钢铁战士”揭晓这样的答案：一是他们有舍小我为大我、舍小家为大家的奉献精神，二是他们有不怕困难、勇攀医学高峰的顽强意志，三是他们有以救死扶伤为天职的崇高定位。在医疗卫生战线，医生、护士的辛苦是大家有目共睹的：做个手术可能连续站上数小时、睡到半夜可能被电话叫醒去抢救危重病人……因为人命关天，加上疾病的复杂性和多变性，他们工作时注意力必须是高度集中的。面对高负荷、高风险、高压力，医务人员靠什么坚持下来？除了丰富的理论知识和过硬的专业技能，靠的就是一种使命感、责任感，这就叫“家国情怀”。有了这份情怀，多大的困难都能克服，多大的委屈都能忍受！良医为人处世，不为自己崇高的名望而骄傲，不计较私利的得失，这就是立德；挽救天地所创造化育的患者生命，使危重之病迅速痊愈，这就是立功；阐发医学深奥精微的道理，撰写医药著作，这就是立言。医者之存在本就为救人于水火，解人于病痛。

时代的先锋，生命的卫士。在新的历史条件下，时代呼唤先锋，生命需要卫士。我们只有不断努力再努力，才无愧于这神圣的称号！我们只有把爱化为动力，才能为天使插上奋飞的翅膀，我们只有把奉献付诸行动，才能用爱心和真情为患者撑起一片希望的蓝天，成就我们卫生事业明天更大的辉煌！作为一名医学专业大学生，我愿献身医学事业，努力提升自身的医术水平，勇于攀登医学高峰，不断学习新的医疗知识、医疗技术，为祖国的医疗事业贡献自己的力量，为人民的生命健康贡献自己的力量！

（指导教师：聂多伟）

以“抗疫精神”奋力书写青年人的“诗和远方”

王　娜

庚子之春，病毒肆虐，封城闭市，全民皆兵。面对疫情，以习近平同志为核心的党中央统一指挥、统一部署、统一调度，举国上下、众志成城、共克时艰。在这场艰苦卓绝的人民战争、总体战、阻击战中，无数的抗疫英雄用实际行动塑造了生命至上、举国同心、舍生忘死、尊重科学、命运与共的伟大抗疫精神，它不仅是中华民族同舟共济、守望相助的家国情怀的一种彰显，更是中国力量、中国精神、中国效率的集中诠释和表达，为我们打赢这场总体战、阻击战注入了强大动力，又必定会以它深刻的内涵而载入中华民族发展史册。

大疫之下，英雄辈出，危难之际，更显英雄本色。无论是在抗战时期的艰苦岁月里，还是在新时代安居和谐的序曲中，都有这样一群奋勇争先、执着奉献的榜样。在病毒横行，举国上下同心抗疫的关键时刻，全国各地的医务工作者纷纷写下请战书，主动请缨。白衣执甲，逆行出征，义无反顾地投入到战疫一线中。公安民警、基层干部、运输司机等许许多多普通的基层工作者，坚守岗位，不分昼夜，恪尽职守。明知微末，却依然闪烁，只因职责所在，毅然逆向而行。他们用自己的平凡之躯为身后的亿万中国人筑起了一道道钢铁防线，推动疫情防控工作取得积极成效。苟利国家生死以，他们舍小家为大家，是不畏艰难、不负重托、不辱使命的时代英雄，是无私奉献、爱国奋斗的光明使者，是新时代最可爱的人。

德不孤，必有邻。当抗疫精神蔚然成风，就会有更多的人对标英雄人物，争当英雄队伍中的一员。在这场彪炳史册、壮阔恢宏的防疫阻击战中，广大青年就以实际行动，在物资生产、医疗救护、物流配送、城乡社区农村防控等方面主动承担起急难险重的任务。在4.2万余名驰援湖北的医护人员中，有1.2万余名是“90”后，其中相当一部分还是“95”后甚至“00”后。艰难方显勇毅，笃行更显珍贵。“闻令而动”的赤子之心，闪耀纯粹之“青春底色”。“曾经是你，现在是我”，这句话的广泛流传不仅是岁月流转的感怀，更是使命传承的担当。昔日“温室的花朵”如今化身超级战士，在战“疫”场上挺身而出，成为抗疫一线的主力军，他们正用自己的青春热血守护脚下的这片土地，用实际行动证明自己堪当大任。

习近平总书记在给北京大学援鄂医疗队全体“90后”党员回信中指出：“在新冠肺炎疫情防控斗争中，你们青年人同在一线英勇奋战的广大疫情防控人员一道，不畏艰险、冲锋在前、舍生忘死，彰显了青春的蓬勃力量，交出了合格答卷。广大青年用行动证明，新时代的中国青年是好样的，是堪当大任的。”这不仅是习近平总书记对广大青年的充分肯定，更是对新时代青年的殷殷期盼。我们应当牢记总书记的谆谆嘱托，不惧风雨、勇挑重担，立好信仰、责任、担当的“人生之旗”，谱好爱国、实干、担当的“青春之曲”，让青春在党和人民最需要的地方绽放光彩。

马克思指出：“一个时代的精神，是青年代表的精神；一个时代的性格，是青春代表的性格。”一代人有一代人的使命，一代人有一代人的长征，透过历史的眼眸，站在岁月的肩膀上远眺，在这个日新月异、承前启后、继往开来的时代，我们青年一代要想肩负起时代的重任，就必须要有“咬定青山不放松”的韧劲、“不破楼兰终不还”的拼劲，有理想、有本领、有担当。

红日初升，其道大光。河出伏流，一泻汪洋，这就是青春的力量。当前实现全面建成小康社会、实现中华民族伟大复兴的中国梦都在征途上，我们广大青年既要发挥自身的力量，也要传承战疫中英雄的精神，为天地立心，为生民立命，为往圣继绝学，为万世开太平，坚决听从党的指挥，坚守初心本色，弘扬抗疫精神，凝聚起同心筑梦、共创未来的磅礴力量。

鲁迅先生曾在《随感录》中这样写道："有一分热，发一分光，就如同萤火一般，也可以在黑暗里发一点光，不必等候炬火。"纵使此后没有炬火，万千萤火照样能聚成灿烂星河。我们青年一代应当不负先生的期盼，用青春热血铸就爱国梦、青春梦、强国梦，肩负起时代新人的责任与担当，以自强热爱祖国，以奋斗回报祖国。胸有大志，心有大我，肩有大任，行有大德，将伟大抗疫精神融入基层工作中，把个人理想融入国家和民族的事业中，唯有这样才能不负党的期望，不负人民的期待，不负民族的重托，真正实现向往的"诗和远方"，在中华民族伟大复兴的进程中谱写我们这一代的青春芳华！

（指导教师：方文韬）

闲居非吾志 甘心赴国忧

丁泽贤

5000多年来，中华民族之所以能够经受住无数难以想象的风险和考验，始终保持旺盛生命力，生生不息，薪火相传，同中华民族有深厚持久的爱国主义传统是密不可分的。中共中央、国务院印发的《新时代爱国主义教育实施纲要》指出：爱国主义是中华民族的民族心、民族魂，是中华民族最重要的精神财富，是中国人民和中华民族维护民族独立和民族尊严的强大精神动力，激励着一代又一代中华儿女为祖国发展繁荣而自强不息、不懈奋斗。

2020年新春伊始，一场突如其来的新冠肺炎疫情自武汉悄然而发并迅速席卷全国。一方有难，八方支援。抗击新型冠状病毒肺炎疫情，全国一盘棋。一批又一批的白衣战士从全国各地前往武汉支援，为抗疫前线注入强大的力量。他们有的正在老家过年，却连夜赶回医院准备支援；有的还在值班，家人匆忙收拾了衣物送到医院后就要出发；有的家里孩子还小，但仍然义无反顾奔赴“战场”。疫情就是命令，他们说这是职责所在。

84岁高龄的钟南山院士义无反顾地赶往武汉防疫最前线，他在高铁餐车上休息的照片刷屏网络，被认为是2020年来最令人感动的照片。照片里，钟南山靠着餐车座椅，面容疲倦。少有人知道的是，这天他刚抢救完病人从深圳回到广州，接到通知后，又立即想方设法赶往武汉。从2020年1月18日22：20抵达武汉，到1月19日17：55乘坐海航HU7582离汉赴京，首次以国家卫健委高级别专家组组长身份亮相的钟南山，在武汉停留了19个小时又35分钟。在这19个小时又35分钟里，他走访了武汉市金银潭医院和武汉市疾控中心，考察了华南海鲜市场的外围，他主持召开了两次调查会，在会上仔细核查每一个数据，执着追问每一个细节……这19个小时又35分钟的调查，为中国制定抗击新冠肺炎疫情战略决策提供了重要依据。

陈延杰，安徽中医药大学2008届药物制剂专业本科生、2011届药物制剂专业硕士生。在接到医院紧急召返通知的时候，她还在归家的高速公路上。大年初一家人团结的日子里，在家不到两小时便匆匆返回岗位待命。在接到医院关于“援鄂医疗队”的通知后，她毫不犹豫地上交了请战书。“当时心里的真实想法就是作为一名党员，在这个国家最需要我们的时候，我一定要第一时间冲到前线，发挥党员的先锋模范作用。”她面对疫情的话语可能也是当时所有援鄂团队的心声。

“疫情就是命令，防控就是责任”，无论是终南山还是陈延杰，他们都将国当作家，将人民当作家人，一方有难八方支援，这就是爱国主义精神。还有大批奋战在抗疫一线的英雄们，无一不是为了祖国，为了人民，救人水火，奉献全部。“捐躯赴国难，视死忽如归”，这些英雄给我们上了一堂生动的爱国主义教育课！

中国特色社会主义进入新时代，实现中华民族伟大复兴的中国梦，是当代中国爱国主义的鲜明主题。中医药在近两次重大疫情中发挥的重大作用给我留下了深刻的印象，深深地激励我，为实现爱国主义新时代主题而奋发学习。相关报道指出，从西汉到清末，我国至少发生过321次大型瘟疫，然而我国历史上从来没有出现过欧洲黑死病、全球鼠疫那样一次瘟疫就造成数千万人死亡的悲剧。炎黄子孙自古就一直被中医药护佑着。2003年“非典”疫情时，中医理论的指导加上“达原饮”等一系列古方的运用，为战胜“非典”立下了汗马功劳。这次的新冠肺炎疫情中，中医药也发挥着不可忽视的作用。国新办2020年3月23日在武汉举行的新闻发布会上，据余艳红书记介绍，中医药使用率在全国新冠肺炎确诊病例中达到了91.5%；张伯礼院士指出集中隔离，普遍服中药可以有效阻止疫情的蔓延，“四类人员”中到2月底确诊比例就降到了百分之十以内；黄璐琦院士对中医团队支援西方国家表现了十足的信心，并指出无论是中医还是西医都会基于临床疗效这一事实，从青蒿素到这次疫情中的“三药三方”，已经展现了巨大且良好的疗效……从这些专家回答的字里行间中，都在向社会证明一个主题：中医抗疫，大有可为！

在这个中医药蓬勃发展的时代，作为从事中药研究的学生，我们必须刻苦学习中医药理论知识，锤炼专业实验技能，在国家最为危急的时刻挺身而出，在祖国为实现中国梦的关键时期增添力量，用辩证和科学的思维将实验课题与中药材实地现状结合起来，格物致知、知行合一。我们要紧抓新时代爱国主义主题，牢记习近平总书记人类命运共同体理念，肩负起让中医药走向世界的责任，让地球村所有居民都能感受到华夏瑰宝的伟力！

“闲居非吾志，甘心赴国忧”。生长在这片神州大地上，我辈中医药学生需心怀祖国、心怀人民，中流击楫、砥砺前行，为实现祖国的伟大复兴添砖加瓦！

（指导教师：方文韬）

不忘初心 治病救人

马 莹

2020年，新冠肺炎疫情骤然降临，严重危害了全国人民的健康和生命安全。某天晚饭的时候，妈妈突然放下筷子一脸严肃地对我说，“早知道这样，就不该让你去学医。”我哑然失笑，她大抵是被这庞大的确诊数据吓到了吧。

晚饭过后，我躺在床上辗转难眠。我想起了那个流汗的夏天，我想起了我的铮铮誓言，那时的我仰着头一脸向往地对老师说，我好想成为一名医生啊，我想穿着白大褂救很多很多的人……我想，那时我的眼里应该有光吧。如今，一步一个脚印地向梦想接近着。那到底是我错了，还是妈妈错了呢?

其实我们都没有错，只是一个母亲的本能让她暂时忽略了有国才有家。不知不觉，我睡着了，梦里樱花开了，于天地之间，于这个春天，它舞蹈，它歌唱，它欢呼雀跃……许是一个冬天压抑得太久了吧，可真美啊!

一树樱花的盛开，需要太多的支持，有这一方天地，这一个春天，还有这一缕阳光。天地是国家，春天是人民，而阳光，大抵就是那无私奉献的精神了吧。

任何一个时代，都需要敢于在危难时刻挺身而出的英雄；每当危急关头，从来不会缺少一大批逆风而行的英雄。自官方通报了第一例新冠肺炎病例后，疫情急速扩散，与此同时，各地火速驰援武汉，可谓是一方有难、八方支援。阖家团聚时刻，瞒着亲人冲上一线的医务人员；迅速集结，第一时间赶赴前线的援鄂医疗队员；直面病毒，坚守在战“疫”最前沿的“白衣天使”……这些与时间赛跑、跟病毒搏击的勇士，在病毒面前筑起一道道健康防线，让我们深深懂得什么叫作无畏、坚韧、奉献。这是一场没有硝烟的战争，所幸我们没有放弃，所幸我们的坚持也有了意义。天地辽阔，才能为一树树的樱花赢得绽放之所。

在驰援湖北抗击新冠肺炎疫情的4.2万多名医护人员中，有近一半是“90后”甚至“00后”。面对百年来全球突发的重大疫情，在党和人民需要的关键时刻，一个个年轻的“90后”“00后”医务人员、基层干部、公安民警、社区工作者、志愿者没有犹豫彷徨，勇敢地站了出来。他们瞒着父母家人，请缨出征，视死如归，冲向江城武汉、冲向防控第一线、冲向抗击疫情主战场，他们和全国人民心手相连，筑起了抗疫防疫的铜墙铁壁。为了方便工作，一向爱美讲究的“90后”“00后”小伙子们剃成了光头、姑娘们剪去秀发，厚重的防护服代替了漂亮的衣装，各种各样的消毒水成了最好的“化妆品”。望着病房里那一双双期盼的眼神，面对比拿枪的敌人更可怕的病毒，“90后”们没有惧怕，忘记了生死，连续作战，不辞劳苦、不畏艰辛，娇美的脸庞被勒出了一道道血印、细嫩的皮肤被捂出了一片片疹点，他们没有退缩，尽心救治病人，展现了医者仁心的崇高精神！这是一场保家卫国的战争，在这场没有硝烟的战场上，他们义无反顾冲锋陷阵，把人民群众生命安全和身体健康放在第一位，把对祖国的爱、对人民的爱化为对病人的爱、对工作岗位的严密值守，视病人如亲人，视岗位如阵地，尽心尽责，采取一切有效措施，有效遏制住了疫情蔓延势头，使山河无恙，让广大人民群众实实在在地感到了一种安全感、幸福感。大爱无疆，这也为国际社会抗击疫情作出了典范，感动了中国，感动了世界。习近平总书记在武汉接见医护人员代表时说，“你们是最大的功臣，党和人民要给你们记头功”。他们是新时代最可爱的人！他们保护了湖北人民和全国人民的健康安危，当之无愧！湖北和各地对撤出湖北医疗队的送别和欢迎礼节就是社会各界和全国人民对他们的衷心感谢和最高褒奖！

在抗疫过程中，曾经牢骚满腹、不满现状的“90后”一夜之间长大了，他们多了一份成熟，多了一份责任，多了一份自觉，倾其所能为抗疫出一份力，即便不能到一线，也自觉遵守防控要求，听从指挥，或宅在家里，或宣传防控措施，绝不给防疫添堵添乱。他们没有把自己置身事外，当“宝宝”、过“佛系”生活、孤芳自赏，他们把个人的小我融入国家、社会和人民的大我之中，勇敢地接过了接力棒，扛起了重任。国家有难，匹夫有责。经受了“天将降大任于斯人也”的考验，“90后”立起来了，“00后”也在茁壮成长！就如“90后”所说，“先前的岁月静好只不过是有前辈、老党员为我们遮风挡雨，如今我们已长大，要守护他人的岁月静好”，“非典时，大家保护我们‘90后’；17年后，我们‘90后’要保护大家”。

习近平总书记说，人民有信仰，民族有希望，国家有力量。这是一个递进的过程，只有人民有了信仰，那么民族才有希望，民族有了希望，那么国家就一定会有力量！我曾选择成为一名医生，我也即将成为一名医生，我会不忘初心，继续前行。

（指导教师：任　健、董　琪）

医者仁心 爱国情深

杨星辰　胡民康

古人云："上医医国，中医医人，下医医病，此谓之医道"。在《本草纲目》中，李时珍说过："医之为道，君子用之于卫生，而推之以济世，故称仁术。"这说明，医只有为君子所用，发挥其济世之功，才合乎道义的要求。

那么何谓良医？其实这个问题早在一千多年前，咱们的医学大家孙思邈先生就已经给出答案了，言简意赅的四个字——大医精诚。

《大医精诚》论述了有关医术医德的两个问题：第一是精，即要求医者需有精湛的医术，医道乃"至精至微之事"，习医之人必须"博极医源，精勤不倦"。第二是真诚，亦即要求医者需具有高尚的品德修养，以"见彼苦恼，若已有之"的同理心，"普救含灵之苦"，且不得"自逞俊快，邀射名誉"，"侍己所长，经略财物"。

有人说，缺乏科学的医学是愚昧的，缺乏人文的医学是冰冷的。医术与医德是一个医生应具备基本素养。无论中医还是西医，既要有精湛医术之智慧，又要有温暖人心之胸怀，此谓良医。

2020年，一场突如其来的新冠肺炎疫情席卷华夏大地。一时间，药店里人满为患，大家都在大量抢购口罩、消毒用品。而此时除超市外，本该热闹的街道上、商场内、饭店里却空无一人。然而，面对如此严峻的疫情，白衣天使们不顾自身安危，挺身而出，奔赴抗疫一线，为祖国和人民撑起一柄保护伞。他们是我们眼中逆向而行的英雄，是我们心中英勇无畏的战士，是孙思邈口中的“医之大者”，这样的人称得上“良医”。

在抗击新冠肺炎疫情中，很多人不会忘记一张钟南山坐高铁赴武汉的照片。那天晚上，他紧急奔赴第一线，被临时安顿在餐车里，一脸倦容，眉头紧锁，闭目养神，身前是一摞刚刚翻看过的文件……从18年前那一句“把最危重的病人转到我这来”，到新冠肺炎疫情防控中“抗击疫情，医生就是战士，我们不冲上去谁冲上去?”钟南山肩上始终扛着医者的担当。他常说：“从医几十年，我最大的幸福，是始终站在治病救人的一线。”对钟南山来说，治病救人是医生的天职，只有如此他才觉得幸福，人生才有意义。作为一名呼吸学科领域的权威专家，他一直活跃在新冠肺炎疫情防控科普第一线。他不仅发挥自己在病理学、流行病学等领域的专长，就连如何洗手、戴口罩等细节也要亲自示范。这样的人称得上“良医”。

清朝大医叶天士所著《临证指南医案·华序》中说道：“良医处世，不矜名，不计利，此其立德也；挽回造化，立起沉疴，此其立功也；阐发蕴奥，聿著方书，此其立言也。一艺而三善咸备，医道之有关于世，岂不重且大耶?”作为良医，先有救人民于水火的仁心，而后才会学一身悬壶济世的仁术，归根结底，是内心对家国的情怀，对国家的一腔热血，给了他们勇气和力量。

在高尚的情怀面前，言语都是苍白的，他们的一言一行无不告诉我们，他们深爱着我们脚下的土地，深爱着这个土地上的人们，他们用行动诠释了什么叫医者仁心。用心血照料病患，用热忱报效国家，作为一名医学生，我会传承医者精神，不辜负党，不辜负国家，不辜负这个伟大的时代！

（指导教师：蒯世安、刘　怡）

医者之心 爱国之志

蒋文胜

医学，挽救生命、维护健康之科学；医者，健康所系、性命相托之仁士。作为一名医学生，你的亲人、朋友、老师，难免会问你选择医学这个专业的原因，甚至是你自己也会反复拷问你的内心，并追寻学医的初心。所谓心之所向，素履以往。那么作为一名医者，其初心该是如何呢？孙思邈曾说过，“医人不得恃己所长，专心经略财物，但作救苦之心。”故而医者之心，所求为何？无非八字：健康所系，性命相托。

简简单单只有八字，却是一名医者在最初走上这条路时，立下最深刻的誓言。作为新时代的青年医学生，我们不仅把这八字当作誓言，更将它当作照亮我们前行方向的灯塔，亦是我们为之奋斗终身的决心。我永远不会忘记步入神圣医学的学府时的庄严宣誓：我志愿献身医学，热爱祖国，忠于人民，恪守医德，尊师守纪，刻苦钻研，孜孜不倦，精益求精，全面发展。我决心竭尽全力除人类之病痛，助健康之完美，维护医术的圣洁和荣誉。救死扶伤，不辞艰辛，执着追求，为祖国医药卫生事业的发展和人类身心健康奋斗终身。医者之心在当今社会，是责任，是信念，更是报效祖国的爱国之志。路漫漫其修远兮，吾辈医者定将上下而求索。

医者之心，是敢为人先的责任感。习近平总书记曾说过，没有全民健康，就没有全民小康。人民健康是民族昌盛和国家富强的重要标志。唯有人民健康，才有实现中华民族伟大复兴梦的坚实基础。现代社会的医生，不仅要能治愈疾病，更要预防疾病，阻止疾病的传播。在新冠肺炎疫情暴发后，武汉市金银潭医院院长张定宇身先士卒，带领医院的医护人员，在抗击疫情的最前线奋战了30多天，每天休息不到3个小时，共救治2800余名新冠肺炎患者，为打赢湖北保卫战、武汉保卫战作出重大贡献。张定宇身患“渐冻症”，在妻子感染新冠肺炎的情况下，仍坚守奋战在抗疫第一线。张定宇医生忠于内心的做法，让全国人民见到了他对人民负责，对社会负责，对国家负责的医者之心。作为当今社会的青年医学生，我们要学会坚持自我判断，为我们的病人负责，为我们的国家负责。

医者之心，是坚不可摧的信念。习近平总书记说，信仰、信念、信心，任何时候都至关重要。小到一个人、一个集体，大到一个政党、一个民族、一个国家，只要有信仰、信念、信心，就会愈挫愈奋、愈战愈勇，否则就会不战自败、不打自垮。从“非典”到新冠肺炎疫情，钟南山院士始终坚定着“拯救病患于生死，守护国家于危难”的信念。他曾在抗击非典时整整38小时未眠，但仍紧张忙于工作直至病倒，但彼时的他仍怀揣着信念，“那时候我还不知道自己能不能活，左胸很疼，很虚弱，拿个碗都会往下掉，但一直有个信念，就是不能出事”。沧海横流，方显英雄本色；青山矗立，不坠凌云之志。从“把最危重的病人转到我这来”，到新冠肺炎疫情防控中“抗击疫情，医生就是战士，我们不冲上去谁冲上去?”钟南山肩上始终扛着医者的担当。医者若有信念，走到哪里都有光。

医者之心，是人民心中的爱国之志。在2020年等春来的时候，是中国医护为14亿中国人民撑起压不垮的脊梁！疫情就是命令。人们病了，中国医护出征了。他们积极响应习近平总书记和党中央号召，千里驰援，投身抗击疫情最前线。请战书上，一笔笔急切的横竖撇捺、一枚枚鲜红的手印，写满了“国有战，召必回，战必胜”的决心。许多人来不及叫醒睡梦中的孩子，来不及说服忧心的家人，便匆匆背上行囊，去往更需要他们的地方……有为病人主动留守的夏思思，有推迟婚礼奔赴一线的彭银华，有身染肺炎关心同事的刘智明……掌握已知的经验、面对未知的危险，中国医护以逆向而行的脚步，为人民抓住生的希望。他们不是生而英勇，只是选择无畏。

一份责任，一种信念，一腔爱国之志。医者所求，不外如是，医者之心，自古至今，亦是如此。而作为新时代的青年医学生，我们更应当弘扬这种医学情怀，在今后的学习中，求真务实，不懈探索，守护人民健康，共圆家国梦想。

（指导教师：李忠萍、黄　顺）

爱中国 青年说

孔欣怡　毛文静

“我和我的祖国，一刻也不能分割；无论我走到哪里，都流出一首赞歌……”在2019年祖国七十华诞时，好像走到哪都会听到有人哼唱这个曲调，但这已然不是一首广为传唱的歌那么简单了，更是每个中国人心中最真挚的表达，尤其是在《我和我的祖国》这部电影放映后，我更是深深地体会到祖国软硬实力兼具，人民生活幸福安康的真理。“伟大出自平凡，平凡造就伟大。”在观看完电影后这句话就一直浮现在我的脑海里。从1949年到2019年，新中国已经发展了70个年头，之前的中国从一个贫穷落后的国家发展成了如今的第二大经济强国，70年前的中国是百废待兴，70年后的中国则是百业昌盛。时间不会停止，脚步也不会停滞。70年披荆斩棘，70年风雨兼程，70年长歌未央，从开启新纪元到跨入新时代，我们迎来了又一个新的时间节点。新中国成立70周年的背后，凝聚着多少无声的付出和点滴心血。影片里每个普通群众简简单单的日常生活片段，其实都是和祖国的繁荣昌盛密不可分的，我们也从中读懂了把平凡事做到极致、对平凡人生报以热爱以及在平凡中坚守信念的爱国内涵。当我们都学会把平凡事做到极致时，相信，那份爱国热情所带来的喜悦，会如阳光般温暖地传递到你我他的身上。

作为新生代的青年，我们在大众眼中曾经很“不堪”。我们中有相当多的人是独生子女，各种媒体曾经连篇累牍地以“小皇帝”称呼我们，为我们贴上一个个标签，怀疑我们丢掉了中国人勤劳勇敢、淳朴善良、敢于拼搏的优良传统。逐渐地，我们身上的标签愈发地多了起来：“新新人类”“网瘾少年”“缺乏事业心”“叛逆”“颓废”“西方文化的俘虏”……我们身上，确实有着许多与前辈们不同的特征，但我们真的不堪大任吗？答案是否定的。

“在新冠肺炎疫情防控斗争中，你们青年人同在一线英勇奋战的广大疫情防控人员一道，不畏艰险、冲锋在前、舍生忘死，彰显了青春的蓬勃力量，交出了合格答卷。广大青年用行动证明，新时代的中国青年是好样的，是堪当大任的！”习近平总书记一封简短的回信，温暖而有力，掀起了热烈而深沉的回响。这不仅仅是党和国家领导人对青年抗疫的肯定，更是对这一代中国青年的肯定。我们用不懈的努力、汗水甚至生命，证明了自己对祖国和人民的忠诚，证明了自己能够扛起中华民族伟大复兴的历史重任。

经过新冠肺炎疫情的打磨和淬炼，我们在社会公众眼中，已经从需要社会呵护的半大孩子，从初出茅庐的懵懂少年，变成了披坚执锐的战士。正如习近平总书记所说：“过去有人说他们是娇滴滴的一代，但现在看，他们成了抗疫一线的主力军，不怕苦、不怕牺牲。抗疫一线比其他地方更能考验人。”我们活跃在青年突击队、党员突击队、青年志愿者队伍中，活跃在救死扶伤的病房和手术室里，活跃在雷神山、火神山医院的建设工地上，活跃在机场、地铁、高速公路保障交通运输正常的第一线，活跃在每一个我们看得到、看不到，想得到、想不到的地方，维持着社会的运转。我们拼尽自己的力量，守卫自己的祖国，守卫自己的人民，守卫自己曾经或许熟悉到厌烦但此时想来却格外亲切的一切。我们，在人民需要时舍生忘死。

“穿上防护服，我就不是个孩子”。说出这句话的，是2000年4月出生的刘家怡，她是广东省惠州市惠城区中医院的一名护士。2020年2月9日，她随广东医疗队驰援湖北。这句话，也许就是战斗在对抗疫情第一线的青年，内心最真实的写照。谁不想当个孩子，当个被疼爱被宠溺的“宝宝”呢？但我们的身上，不是只有“年轻”这一个属性，还有任务、责任、担当。

一代人有一代人的使命，一代人有一代人的担当。无论时代的浪潮涌向何方，看到千千万万具备优秀品质青年的成长，我们有理由对中华民族伟大复兴的前景更加充满希望。因为，“少年强，则中国强”。我愿做这千万分之一，在我未来的岗位上，传承中医之精华，为中华之崛起而奋斗，担起时代之重任，爱中国，以梦为马，不负韶华。

（指导教师：周　娟、俞　涛）

一株济世草 一颗报国心

杨卓越

诗经《小雅·鹿鸣》云："呦呦鹿鸣，食野之蒿。我有嘉宾，德音孔昭。视民不恌，君子是则是效。我有旨酒，嘉宾式燕以敖。"此蒿，青蒿也。青蒿作为中药已有2000多年的历史。目前，青蒿素及其衍生物是世界上治疗疟疾最有效的药物，青蒿素联合疗法已被用于几乎所有国家和地区的疟区，每年治疗病例一亿以上，降低了全球疟疾的发生率和死亡率，挽救了数百万人的生命。

青蒿素来自中医药、发现启迪于中医药，它是中国传统医学和现代科技紧密结合的成果，为人类健康事业作出了巨大贡献。2015年10月，屠呦呦以"从中医药古典文献中获取灵感，先驱性地发现青蒿素，开创疟疾治疗新方法"，获得世界影响力最大的自然科学奖项——诺贝尔生理学或医学奖。

屠呦呦的成功是她终生的积淀和不懈努力的自然回报。青蒿素的发现，使屠呦呦获得了2015年的诺贝尔生理学或医学奖，这也是中国人在自然科学领域诺贝尔奖的一大突破，自此，世界记住了她的名字。

1965年，越南战争爆发。美、越两军苦战在亚洲热带雨林，疟疾像是第三方，疯狂袭击交战的双方，万千官兵逃过枪林弹雨，却被疟疾击倒，即使活命者，也丧失了战斗力。

疟疾病原疟原虫潜于雌蚊体内，雌蚊叮人时，它将长梭形孢子随雌蚊口液注入人体。孢子进入人体后随血流前进，首先侵入肝细胞，以肝细胞质为营养，在肝细胞内发育和裂体生殖，然后逸出坏死的肝细胞，钻入红血细胞，再在红细胞内继续生长、裂殖。人体大量红细胞破裂，加之裂殖子代谢物释放到血液里，引起人体一系列生理反应，高热、寒战、贫血、脾肿大，直至死亡。这是一种古老的疾病，蚊虫肆虐处，总有它的魔影。

为战胜疟疾，美国投入巨额科研经费，并动员西方各国制药的力量，像研发战争武器那样，为侵越部队研制抗疟的新药。

相比之下，越南军队连一点喹啉类的药物也没有，越南唯一的办法，就是向中国紧急求援。1964年，毛泽东主席对越方的求援作出批示，周恩来总理随即下令，以军工项目的名义紧急研制“抗美援越”的抗疟新药。越南战场医疗抢救上频频告急，1967年5月23日，周恩来总理再次就研发抗疟新药问题作出批示，并在军事医学科学院内特设了一个“523办公室”，要求调动全国的力量，大打一场研发抗疟新药的战役。1969年1月，39岁的屠呦呦接受了国家“523”抗疟药物研究的艰巨任务，被任命为中医研究院中药抗疟科研组组长。

在那个资源匮乏的时代，设备老旧，人手匮乏，摆在屠呦呦面前的，是一个举步维艰的挑战。当屠呦呦接受这个挑战时，国内之前的科研人员已经排查筛选了4万余抗疟疾的化合物和中草药。屠呦呦经过考虑后，毅然决定开始系统地整理历代医籍。最终，她整理了一个《抗疟单验访集》，其中涵盖了640多种包括青蒿在内的草药。并逐一实验这些药方的效果，但都成效不大。实验陷入困境，考虑到已经尝试了许多种草药，屠呦呦开始试着转变方向。或许不是药物本身的问题？她又一次次地翻阅古代文献，终于在1700年前东晋葛洪的《肘后备急方》中找到线索“青蒿一握，以水二升渍，绞取汁……”最终，在经历了190次失败，终于成功研制出第191号青蒿乙醚中性提取物样品。为了能尽快把乙醚中性提取物拿到当时国内的疟疾疫区试用，屠呦呦和研究组的成员甚至“以身试药”，成为第一批志愿者。

后来在屠呦呦的回忆中，常常谈到自己对女儿们的亏欠。但是，她始终明白，国家情感比个人情感更大、更重。她说：“（国家）交给任务，当时对我们来说，就努力工作，把国家任务完成。只要有任务，孩子一扔，就走了。”

她的这些话正是她一生奉献最好的答案，更是他们那一代人共同的信念和选择。正是有了他们的坚守和信念，才汇成了国家发展的雄浑力量。70峥嵘岁月，他们守初心、担使命，始终将个人梦想与国家命运紧密相连。

迄今为止，以青蒿素为基础制成的复方药已经挽救了全球数百万疟疾患者的生命。一株小草改变世界，这是中医药献给全世界的一份珍贵的礼物，这段历史我们理应永远铭记。作为药学生，我也一直将屠老这样伟大的科学家作为心中的榜样。每当学习或科研遇到瓶颈时，每当我对前路感到迷茫时，想到这段历史，我便有了继续前行的勇气。

中国共产党的旗帜鼓舞、指引着一代又一代中国青年按照党的要求健康成长，沿着党指明的方向不懈奋斗，实现最无悔的青春价值。我想，作为新时代的青年，不忘初心，坚守使命，不畏风雨，砥砺前行，就是我们对青春最好的诠释。

（指导教师：王晓宏、沈　晨）

让爱国情与医学梦同频共振

倪锦镭　庞　雷

爱国，是一个永恒的话题。中华文明历史的车轮转过数千年，爱国已沉淀为中华文化的精髓，时间愈久，醇香愈浓。爱国是顾炎武的“天下兴亡，匹夫有责”，是范仲淹的“先天下之忧而忧，后天下之乐而乐”，是曹植的“捐躯赴国难，视死忽如归”，是王昌龄的“黄沙百战穿金甲，不破楼兰终不还”。爱国是本分，也是职责，是心之所系，亦是情之所归。从晏子使楚到苏武牧羊，从戊戌六君子到梁启超，从义和团运动到五四运动，从鲁迅到秋瑾，爱国精神代代相传。习近平总书记在纪念五四运动100周年的重要讲话中指出：“一个人不爱国，甚至欺骗祖国、背叛祖国，那在自己的国家、在世界上都是很丢脸的，也是没有立足之地的。”

爱国没有界限之分，爱国情怀体现在了各个领域，从古至今，医学领域爱国人士层出不穷，代代相传。

医界“亚圣”成无己出生于医学世家，为大宋国医，晚年的时候被金国掳掠到临潢。临潢曾是辽上京，就是辽国的首都，金灭辽后改为北京，又改为临潢府，是一个苦寒之地，故城在今天内蒙古赤峰市巴林左旗的波罗和屯。已届垂暮之年的成无己随身带着《注解伤寒论》书稿到临潢以后，还在不断地治病救人，拯救了许多人的生命。这时候，南宋一个叫王鼎的人到临潢去看望他的弟弟，目睹了成无己看病的神奇效果，并提出将《注解伤寒论》书稿带回宋朝刊印。

成无己就拿出书稿说："我也想让此书在咱们大宋国出版，可暂时还不能给你，否则我就没命了。"因为按照金国规定，《注解伤寒论》需要将原件或副本进呈金朝，由金朝刻版印刷，不许外传，否则治以重罪。王鼎也没有强求，就回到中原。不过，成无己始终未将此书进呈金朝。他冒死将书稿交给一名中原人，中原人亦冒死将书稿带回交给王鼎。王鼎也不富有，找朋友借钱才在南宋乾道壬辰八年（1172年）将此书出版。此时，距成无己逝世已过了十六七年，老人家终其一生未见刊成之书，但是这本书却将伤寒论的研究推向一个高峰，从而也奠定了成无己在医学史上的地位。成无己，风雨飘零、不忘初心，"医之大者"当之无愧。

吴孟超1922年出生于福建省闽清县，治病救人78载，九旬高龄依然坚守在门诊、手术室和病人的病床前。"手术室是我永远的战场，而肝癌是我今生最大的敌人，要一辈子战斗下去。"吴孟超在97岁高龄依然奋战在手术台上。他是中国肝脏外科的开拓者和创始人、中国科学院院士，被誉为"中国肝胆外科之父"，2005年荣获国家最高科学技术奖，2011年被评为"全国优秀共产党员"和"感动中国人物"。从医70余载，吴孟超把手术台当作报效国家的平台，创造了一个又一个医学纪录，将我国肝病治疗水平提高到世界领先水平。吴孟超说："我这一生有三条路走对了：回国、参军、入党。如果不是在自己的祖国，我也许会很有钱，但不会有我的事业；如果不在人民军队，我可能是个医生，但不会有我的今天；如果不是加入党组织，我可能会做个好人，但不会成为无产阶级先锋队的一分子。""入党时，我是宣过誓的。宣了誓，就要信守诺言；宣了誓，就要为党分忧解难。"

自古勇士爱战场。从1956年进军肝脏外科以来，吴孟超就像一个不知疲倦的士兵，一直战斗在这片没有硝烟的战场上。虽然他在这片战场上打了大大小小一万多场胜仗，已经由一个普通的“士兵”成长为人所敬仰的“将军”，但他每天仍然战斗在与肝癌斗争的最前沿，指挥和带领他的弟子们杀死一个个“来犯之敌”，保护人们的身体健康。

十七年前，“非典”疫情暴发，面对未知的病毒，全国上下坠入恐慌，钟南山作为最早接诊“非典”患者的专家，始终坚持在临床最前线救死扶伤，他主动要求“把重症病人都送到我这里来”。“医院是战场，作为战士，我们不冲上去，谁上去？”这是钟南山面对恐惧的回答。那一年，他67岁。十七年后，新型冠状病毒来袭，疫情再次威胁人民的生命安全，已是耄耋老人的钟南山院士依然冲在了最前线，在这种全国性恐慌的时刻，他的出现犹如给全国人民吃了一颗“定心丸”。人民日报公众号评价说：84岁的钟南山，有院士的专业，有战士的勇猛，更有国士的担当。一路奔波不知疲倦，满腔责任为国为民，的的确确令人肃然起敬！他的义无反顾、勇于“逆行”，无愧于时代楷模、当代标榜。在此次疫情中，医疗卫生系统涌现出了许多诸如钟南山院士那样可歌可泣的白衣天使，他们置自己的安危于不顾而选择竭尽全力救助每一位病人的英雄事迹也在中华大地上广为传播。

当代诗人汪国真在《热爱生命》中写道：“既然选择了远方，便只顾风雨兼程。”作为一名医学生，既然选择了医学事业，那就要医者仁心，悬壶济世。我们要把个人的理想融入全体人民的共同理想之中，把个人的奋斗融入为祖国社会建设的奋斗之中，认真学习理论知识，掌握专业技能，不断与时俱进，挑战自我，立报国之志，学报国之识，践报国之行，只有这样才能真正成为一名合格的新时代爱国主义者，为社会主义事业的发展添砖加瓦！

（指导教师：董玉节、项银霞）

医者仁心

刘政新

医者何为医

在《神仙传》记载中，董奉曾长期隐居于庐山，热衷于为百姓诊病，但他行医时，从不索取诊费。每当一个患者痊愈，均让他们以栽杏的方式作为酬谢。几年之后，杏树成林，郁郁葱葱。每年到杏子成熟的季节，董奉便在林中放置盛器，张榜提示，若欲买杏者则按规定，一器谷换一器杏，自行换取，不必通报。随后，董奉便将换取的粮食拿去救济那些无依无靠的人。何为医？以德为先，心怀济世之心，以术为最，誓愿普救含灵之苦。唐代孙思邈在《大医精诚》中说："若有疾厄来求救者，不得问其贵贱贫富，长幼妍媸，怨亲善友，华夷愚智，普同一等，皆如至亲之想；亦不得瞻前顾后，自虑吉凶，护惜身命。"华佗不求名利，不慕富贵，使他得以集中精力于医药的研究上。《后汉书·华佗传》说他"兼通数经，晓养性之术"，尤其"精于方药"。人们称他为"神医"。关注中医事业发展，致力中医人才培养的岳美中曾说："长期研究和治疗的实践，使我既坚信中医药学宝库的丰富，也深知中医事业发展与中医人才培养之不易。

耿耿于此数十年，力量所及，未敢稍懈。”在晚年花大气力研究老年疾病和老年保健，撰著中华人民共和国建立后第一本中医老年医学专著——《岳美中老中医治疗老年病经验》，成为现代著名的老年医学专家。

医者何所爱

爱，是人类对人或物的深挚情感，通常表现为对人、对物的一种恩慈。孟子说过“老吾老以及人之老，幼吾幼以及人之幼”，意在提醒人们奉献大爱。小爱与大爱有什么区别呢？小爱局限于血缘、亲缘、业缘关系，表现为对自己的爱、对亲人的爱对朋友的爱；大爱是超越血缘、亲缘、业缘关系的爱，是对小爱的扩展和升华，表现为对陌生人的爱。人们常说“医者父母心”，这表明医者之爱是超越普通情感的大爱，表现为对患者的健康和生命的自觉关注和真情扶助。德不近佛者不可以为医，才不近仙者不可以为医。这是著名外科学家裘法祖的一句名言，简要地概括了良医的必备条件是德才双优。德是才的灵魂，才是德的后盾。有才无德的医生，在患者需要时未必伸出援手、一心赴救；有德无才的医生，面对重症会束手无策。所以，挽救患者生命的白衣天使，理当德才兼备，而“佛德”与“仙才”产生的动力就是大爱。

真爱是来自心底的爱，是忘我的爱，是不求回报的爱，是无悔的爱。医者的真爱是一种道义、一种责任，是用生命守护生命。正是真爱，使无助的心灵得到抚慰，使带血的伤口快速愈合，使夺命的死神望而却步。

此情何所依

青松的情怀在于傲然挺立，梅花的情怀在于迎霜斗雪，而医务人员的情怀则是把健康送给病人，将爱心献给社会。2020年新年伊始，新冠肺炎疫情迅速在多个省份出现，疫情面前，有这么一群人毅然决然地选择“逆行”。有劝说别人不要去武汉，自己却义无反顾选择逆疫情而行的钟南山院士；有刚踏上返乡过年旅程的武汉大学人民医院病理科医生吴小燕，得知医院发布医疗支援的号召后，她第一时间下车返汉，选择逆疫情而行；有赶在武汉封闭交通通道最后一刻在高速路口将孩子送给老人照顾后，选择逆疫情而行的华中科技大学同济医院急诊科龚静及其丈夫；有写现代版“与夫书”的张旃；有写“不计报酬，无论生死”的党员医生；有写“如有驰援武汉的任务，请优先考虑我们”的郑向阳和孙玉梅……他们为我们筑牢了生命的“钢铁长城”。

悬壶济世者也，仁，从人，亲也。医者有仁心，悬壶利己轻，慈悲济世人，德品胜黄金。作为一名医务工作者，首先既要有良好的心理素质，又要有高深的专业素质和广博的人文情怀，还要时刻牢记着职业赋予的使命。其次，要尊重患者、从患者的利益和需要出发，减轻病人的思想顾虑，以亲切的问候拉近与病人的距离，以最经济、最实惠的治疗方案力求达到最佳效果。医者有仁心，爱国爱人民，性命相托情，亦是我真心。医者有仁心，心怀医者情，至精当至诚，惟是更惟新。

（指导教师：方林莉、汪芳萍）

医之大者 亦侠义士

王居义

在影视作品中，有着无数的超级英雄或者武功大侠，他们或具备超能力，又或身怀绝技，无论其力量多大，他们都有一个共同点：通过自身力量帮助他人或者对社会作出贡献。抛开影视作品中超现实的超能力和绝世武功，回到现实，在此次新冠肺炎疫情防控阻击战中，有着千千万万人都是超级英雄、侠之大者。

病房如同战场，生命重于泰山。新冠肺炎疫情突如其来，一支支医疗队从祖国四面八方开赴湖北、驰援武汉，与当地医生、护士一道，筑起守卫人民群众生命安全的长城。广大医护人员的付出与努力，在救助患者、控制疫情、稳定人心方面发挥了至关重要的作用。

从“请命赴前线，家国都要安”的一封封请战书，到在战疫一线向崇高信仰靠拢的一份份入党申请，我们收获的是感动和激励。疾病横行、生命垂危，医护人员竭尽全力救死扶伤，展现了敬佑生命、大爱无疆的职业精神。面对捉摸不透的病毒，医护人员挺身而出、坚守岗位，发扬了舍己为人、报效家国的崇高风格。广大医护人员抗击疫情、救治患者，用实际行动诠释着医者仁心、人间大爱。

救死扶伤，是医护人员的天职。对家中亲人的思念，春节假期本该有的暖融融的家庭团聚……但在抗击疫情的时刻，广大医护人员放下这一切，毅然决然地投入到救助病患之中。“逆行”必然冒着巨大风险。普通人都明白病毒的厉害，专业出身的医生、护士更懂得其中的风险。但他们没有犹豫、没有退缩，因为他们心中明白，患者需要他们，国家需要他们。

不独是医护人员，数不清的公安民警、人民解放军、社区干部、公益志愿者奔波在抗疫第一线。疫情来袭，平凡的他们是最值得敬佩的逆行者、坚守者、奉献者。疫情暴发后的一个多月，疫情防控形势积极向好，这也正应了那句话：中国人总是被他们之中最勇敢的人保护得很好。在这些奉献者身上，我们体会到“先天下之忧而忧，后天下之乐而乐”的思想境界。每一个战斗在抗疫前线的战士，都是为国为民的侠之大者。

鲁迅先生曾在《热风》发出愿景，希望中国青年“能做事的做事，能发声的发声。有一分热，发一分光。就令萤火一般，也可以在黑暗里发一点光，不必等候炬火。”千夫诺诺，不如一士谔谔，这种舍生忘我的责任意识与利济苍生的担当精神，早已成为根植于华夏儿女心中的文化基因。

侠之大者，为国为民；侠之小者，为友为邻。你的样子我们铭记在心，你的精神我们世代传唱，你的勇气我们继承发扬，因为你的样子，就是中国的样子，你什么样，中国就什么样。让14亿中国人都成为你的样子，我们就能在春暖花开之时看到你脱下防护服、揭开口罩露出灿烂的笑容。一束光簇拥另一束光，爱的力量亦会“一灯燃而千灯明”。一切阴霾终会过去，春风十里会再度拂绿神州大地，膏壤沃野会再度沐浴黎明朝阳，中国有侠之大者，注定不凡。

从保家卫国到见义勇为，从救死扶伤到舍己为人，新中国的土地上从来不缺乏英雄。“两弹一星”科研人员放弃大城市生活、向戈壁滩进发，用热血和生命推动航天事业取得举世瞩目的成就；无数像王进喜一样的石油“铁人”，不怕苦累，无惧牺牲，为祖国石油工业的发展作出了重要贡献；守岛英雄王继才夫妇，放弃老家安稳的生活，在边疆孤岛把最美年华献给海防事业……支撑英雄壮举的，是为民担当、为国奉献的家国情怀，是心中那份责任牵挂。崇尚英雄才会诞生英雄，争做英雄才会英雄辈出。向英雄们学习和致敬，我们的国家才会更加强盛，我们的社会才能更加安宁。

当今世界正经历百年未有之大变局，实现中华民族伟大复兴正处于关键时期。前进路上，注定充满风险和挑战，也更加呼唤英雄。各行各业的奉献者，勇立潮头、奋勇搏击，一定能让自己的人生在为国家、为人民的奉献中焕发出绚丽光彩！

作为一名医学生，除了作为一个普通公民该有的爱国素养，捍卫祖国荣誉，拥护党的领导，热爱祖国和人民外，我们更要努力学习钻研专业知识，脚踏实地，稳扎稳打，不好高骛远但又要守正创新，继往开来，砥砺前行。我们要将个人理想追求融入党和国家事业之中，努力学习，主动扛起我们这一代人的使命和责任。

（指导教师：黄金满、徐　慧）

后　记

近年来，安徽中医药大学积极探索思政课实践教学改革，在全校广泛开展“大学生讲思政”大赛。大赛围绕践行社会主义核心价值观，每年设立一个主题，集中在全校4000多名学生中开展，再从近1000篇讲稿中遴选出100篇左右的优秀讲稿汇编成册，形成有关社会主义核心价值观的学生系列读物——大学生讲思政系列丛书。

本书是该项活动的阶段性成果。《爱国 青春的底色——大学生讲思政》围绕“爱国”的主题，由传承弘扬、时代华章、励志笃行、同心抗疫四部分汇编而成。本书由大学生从自身成长实际出发，讲述那些与时代进步同频共振的爱国故事，以期引导读者把爱国情、强国志、报国行融入新时代的追梦征程之中，在实现中华民族伟大复兴的中国梦中绽放青春风采。

本书由全省高校思政课教指委主任王先俊教授、安徽中医药大学马克思主义学院院长董玉节教授担任主编。马克思主义学院的周娟教授、黄金满副教授担任副主编，承担了全书的统稿工作。马克思主义学院的黄绪凯老师，研究生院的濮燕屏老师，中医学院的方林莉老师、段雷老师，针灸推拿学院的聂多伟老师，中西医结合学院的董琪老师、吴倩老师，药学院的方文韬老师、汪媛老师，护理学院的刘维婷老师、郝书婕老师，医药信息工程学院的刘怡老师、张璐瑶老师，医药经济管理学院的李国转老师，人文与国际教育交流学院的张博老师、周政老师等，承担了各学院的组稿工作。马克思主义学院广大思政课实践教学指导教师和各参赛班级辅导员，在活动的组织开展及书稿的撰写与校稿方面，投入了大量的精力。在此，对各位老师的辛苦工作表示真挚的感谢。

最后，愿吾辈青年以“浮舟沧海，立马昆仑”之心态作为垂天之羽和飞云之楫，以青春之声咏青春之诗，以昂扬之姿承青年之责，必能臻于至善，玉汝于成。

编 者

2021年9月